はじめに

　まず、令和6年元日に最大震度7を観測した令和6年能登半島地震では、甚大な被害が発生しました。犠牲となられた方々に哀悼の意を表し、被災された皆様にお見舞いを申し上げます。

　消防庁としては、被災された地域の早期の復旧・復興に向けて、全力で取り組んでいく所存です。

　昨年は、令和5年5月5日に発生した能登半島沖を震源とする地震や令和5年台風第13号をはじめとする風水害などの自然災害に見舞われ、多くの人的・物的被害が生じました。

　また、新型コロナウイルス感染症は感染症法上の5類感染症に位置づけが変更されましたが、猛暑による熱中症への対応等もあり、依然として救急業務は厳しい状況に置かれています。

　近年、気候変動の影響により激甚化・頻発化する風水害や、切迫する大規模地震・津波災害、火山災害等に備えるため、防災・減災、国土強靱化の取組を進めることが重要であり、国民の生命・財産を守る消防の果たす役割は益々増大しています。

　令和5年版消防白書では、特集として、近年の大規模自然災害を踏まえた消防防災体制の整備のほか、新型コロナウイルス感染症対策・熱中症への対応、G7広島サミットにおける消防特別警戒等、消防団を中核とした地域防災力の充実強化、消防防災分野におけるDXの推進、近年の安全保障環境等を踏まえた国民保護施策の推進及び関東大震災100年について記載しています。

　また、トルコ共和国地震災害における国際消防救助隊の派遣など、令和5年に話題になった事柄をトピックスとして掲載しています。

　この白書が、消防防災に対する国民の皆様のご理解を深め、国や地方公共団体だけではなく、住民、企業も含めた総合的な消防防災体制を確立するに当たって、広く活用いただけることを願っています。

　なお、検討状況や統計資料等については、特に断りがない限り、令和5年10月末の状況を基に記載しています。

令和6年1月

はじめに

特集 4　消防団を中核とした地域防災力の充実強化

特集 5　消防防災分野におけるＤＸの推進

特集 6　近年の安全保障環境等を踏まえた国民保護施策の推進

特集 7 ▷▷ 関東大震災 100 年

トピックス

基本項目

【以下は消防庁 HP に掲載】

https://www.fdma.go.jp/publication/hakusho/r5/66966.html

特集

近年の大規模自然災害を踏まえた消防防災体制の整備

1 能登半島沖を震源とする地震に係る被害及び消防機関等の対応状況

（1）災害の概要

ア 地震の概要

令和5年5月5日14時42分、能登半島沖を震源とするマグニチュード6.5の地震が発生し、石川県珠洲市で震度6強を観測した。

また、同日21時58分、同じく能登半島沖を震源とするマグニチュード5.9の地震が発生し、同市で震度5強を観測した。

イ 被害の状況

この地震により、石川県及び富山県において、死者1人、負傷者48人の人的被害が発生した。

また、全壊40棟、半壊311棟、一部破損3,046棟、計3,397棟の住家被害が発生した（令和5年11月15日現在）。

被害の状況
（奥能登広域圏事務組合消防本部提供）

（2）政府の主な動き及び消防機関等の活動

ア 政府の主な動き

政府においては、地震発生後直ちに官邸対策室を設置した。同日15時07分には、関係省庁の局長等で構成される緊急参集チームによる協議が開始さ

れ、関係省庁間で被害状況等の情報が共有された。同日及び翌6日には関係省庁局長級会議が開催され、判明した被害状況、各省庁の対応状況等について関係省庁間の情報共有と今後の対応の確認を行った（特集1-1表）。

特集1-1表　政府の主な動き

日　付	時　刻	会議開催等
5月5日	14時43分	官邸対策室設置
5月5日	21時00分	関係省庁局長級会議（第1回）
5月6日	14時30分	関係省庁局長級会議（第2回）

イ 消防庁の対応

消防庁においては、地震発生後直ちに消防庁長官を長とする消防庁災害対策本部（第3次応急体制）を設置し、震度6強を観測した石川県に対して、迅速な初動対応及び被害報告を要請した。

ウ 被災自治体の対応

5月5日14時42分の地震発生と同時に、石川県は災害対策本部を設置した。

エ 消防機関の対応

（ア）消防本部

石川県珠洲市を管轄する奥能登広域圏事務組合消防本部が、発災直後から救急、危険排除等の119番通報に対応するとともに、同市内における複数の建物倒壊現場において、地元消防団と連携して救助活動等に当たったほか、石川県消防防災ヘリコプターが被災地域の情報収集活動に当たった。

救出活動の様子
（奥能登広域圏事務組合消防本部提供）

（イ）消防団

　石川県珠洲市をはじめ、甚大な被害に見舞われた能登地方において、消防団は、地震発生直後から避難の呼び掛け、危険箇所の巡視・警戒及び被害情報の収集等を実施した。

　また、地震発生の翌週以降も、がれきの撤去や災害廃棄物の運搬作業等の復旧作業を実施した。

消防団の活動の様子
（石川県珠洲市提供）

2　令和5年梅雨前線による大雨及び台風第2号に係る被害及び消防機関等の対応状況

（1）災害の概要

ア　気象の状況

　令和5年6月1日から3日午前中にかけて、梅雨前線が本州付近に停滞した。前線に向かって台風第2号周辺の非常に暖かく湿った空気が流れ込んだた

め、2日には前線の活動が活発になった。西日本から東日本の太平洋側を中心に大雨となり、高知県、和歌山県、奈良県、三重県、愛知県及び静岡県では線状降水帯が発生した。1時間に80ミリ以上の猛烈な雨が降り、1時間降水量が観測史上1位の値を更新した地点があった。

　また、降り始めからの雨量は東海地方で500ミリを超えたほか、四国地方、近畿地方及び関東地方でも400ミリを超え、平年の6月の月降水量の2倍を超えた地点があった。

イ　被害の状況

　この記録的な大雨により、西日本から東日本の広い範囲で河川氾濫、浸水、崖崩れ等の被害が発生した。静岡県浜松市においては、崖崩れに住家が巻き込まれるなど、東海地方を中心に、死者6人、行方不明者2人、負傷者49人の人的被害が発生した。

　また、住家被害については、埼玉県で4,054棟、和歌山県で3,147棟など、計1万276棟となっている（令和5年11月15日現在）。

被害の状況
（和歌山県提供）

（2）政府の主な動き及び消防機関等の活動

ア　政府の主な動き

　政府においては、6月1日15時30分に情報連絡室を設置するとともに、関係省庁災害警戒会議を開催し、自治体や国民に対し大雨への警戒を呼び掛けた。

　その後、6月2日には関係省庁災害対策会議を開催し、既に判明した被害及び対応状況について関係省庁間の情報共有と今後の対応の確認を行うとともに、改めて自治体や国民に対し大雨への警戒を呼び

掛けた。

イ　消防庁の対応

消防庁においては、6月1日15時30分に応急対策室長を長とする消防庁災害対策室（第1次応急体制）を設置し、情報収集体制の強化を図るとともに、都道府県及び指定都市に対し「梅雨前線による大雨及び台風第2号についての警戒情報」を同日発出し、災害対応に万全を期するよう呼び掛けた。その後、前線が日本付近に停滞し、広範囲に被害が発生することが予想されたため、翌2日にも警戒情報を発出し、大雨に対する更なる警戒を呼び掛けた。

ウ　被災自治体の対応

この大雨により、茨城県、埼玉県、岐阜県、静岡県、愛知県及び三重県の6県が災害対策本部を設置した。

また、被災市町村においては、住民に対し、大雨による家屋の浸水や土砂災害への警戒を促すとともに、順次避難指示等を発令し、早期の避難を呼び掛けた。

エ　消防機関の活動

（ア）消防本部

浸水等の被害を受けた地域を管轄する消防本部では多数の119番通報が入電し、直ちに救助・救急等の活動に当たった。

（イ）消防団

埼玉県、愛知県及び和歌山県内の市町村をはじめ、甚大な被害に見舞われた多くの市町村において、消防団は、危険箇所の巡視・警戒、早期避難の呼び掛け及び住民の避難誘導等を行ったほか、消防車両等による排水作業を実施した。

消防団による排水作業の様子
（埼玉県吉川市提供）

3　令和5年6月29日からの大雨等に係る被害及び消防機関等の対応状況

（1）災害の概要

ア　気象の状況

令和5年6月28日から7月6日にかけて、活発な梅雨前線や上空の寒気の影響で、沖縄地方を除いて全国的に大雨となった。7月1日から3日にかけては山口県、熊本県及び鹿児島県（奄美地方）で線状降水帯が発生し、6月28日から7月6日までの総降水量は、九州では700ミリを超え、九州北部地方を中心に平年の7月の月降水量を超えた地点があった。

また、7月7日から10日にかけては、梅雨前線が西日本から東北地方付近に停滞し、活動が活発となり、九州北部地方及び中国地方を中心に大雨となった。8日に島根県、10日に福岡県、佐賀県及び大分県で線状降水帯が発生した。気象庁は、10日朝に福岡県及び大分県を対象に大雨特別警報を発表し、災害による命の危険が迫っているとして直ちに身の安全を守る行動をとるよう呼び掛けた。

さらに、7月11日から13日にかけて、本州付近に梅雨前線が停滞するとともに、北海道付近を低気圧が通過し、12日夜遅くには、石川県及び富山県で線状降水帯が発生するなど、北陸地方及び北海道地方を中心に大雨となった。

イ　被害の状況

この記録的な大雨により、西日本から東日本の広い範囲で河川氾濫、浸水、崖崩れ等の被害が発生し

た。特に、福岡県久留米市や佐賀県唐津市で複数の住家を巻き込む崖崩れが発生するなど、九州地方を中心に、死者13人、行方不明者1人、負傷者16人の人的被害が発生した。

また、住家被害については、山口県で1,189棟、福岡県で4,202棟など、計8,020棟となっている（令和5年11月15日現在）。

なお、令和5年6月29日からの大雨等による各地の被害状況は、**特集1-2表**のとおりである。

特集1-2表　**被害状況（人的・住家被害）（令和5年11月15日現在）**

都道府県	人的被害							住家被害					
	死者	うち災害関連死者	行方不明者	負傷者			合計	全壊	半壊	床上浸水	床下浸水	一部破損	合計
				重傷	軽傷	小計							
	人	人	人	人	人	人	人	棟	棟	棟	棟	棟	棟
福島県									4	13			17
茨城県												53	53
栃木県												248	248
群馬県				1		1	1					2	2
埼玉県												2	2
千葉県				1		1	1					36	36
新潟県											1		1
富山県	1						1		19	71	732		822
石川県								7	119	51	225		402
福井県								1		16	132	1	150
長野県											3		3
岐阜県										1	2		3
静岡県				2		2	2					5	5
京都府												2	2
鳥取県									13		45		58
島根県	1						1		1	9	76	6	92
広島県											6	1	7
山口県	1		1	1		1	3	3	228	202	697	59	1,189
愛媛県								3	39		129	3	174
福岡県	5			2	6	8	13	31	919	456	2,649	147	4,202
佐賀県	3						3	4	6	18	82	34	144
長崎県								1					1
熊本県								2	4	27	84	27	144
大分県	2			1	1	2	4	13	21	60	163	3	260
鹿児島県				1		1	1		1			2	3
合計	13		1	5	11	16	30	64	1,357	929	5,039	631	8,020

被害の状況1
（久留米広域消防本部提供）

被害の状況2
（久留米広域消防本部提供）

■ （2）政府の主な動き及び消防機関等の活動

ア　政府の主な動き

　政府においては、6月29日15時00分に情報連絡室を設置するとともに、関係省庁災害警戒会議を開催し、自治体や国民に対し大雨への警戒を呼び掛けた。

　その後、7月10日6時40分に福岡県（朝倉市及び東峰村）に大雨特別警報が発表されたことを踏まえ、同時刻に官邸連絡室に改組した（**特集 1-3 表**）。

特集 1-3 表　政府の主な動き

日 付	時 刻	会議開催等
6月29日	15時00分	情報連絡室設置
6月29日	15時00分	関係省庁災害警戒会議
7月3日	15時30分	関係省庁災害対策会議（第1回）
7月4日	11時15分	関係省庁災害対策会議（第2回）
7月6日	15時15分	関係省庁災害対策会議（第3回）
7月10日	6時40分	官邸連絡室改組
7月10日	15時15分	関係省庁災害対策会議（第4回）
7月14日	15時45分	関係省庁災害対策会議（第5回）

イ　消防庁の対応

　消防庁においては、6月29日15時00分に応急対策室長を長とする消防庁災害対策室（第1次応急体制）を設置し、情報収集体制の強化を図るとともに、都道府県及び指定都市に対し「梅雨前線による大雨についての警戒情報」を同日発出し、災害対応に万全を期するよう呼び掛けた。その後、梅雨前線が日本付近に停滞し、広範囲に被害が発生することが予想されたため、7月3日、4日及び6日にも警戒情報を発出し、大雨に対する更なる警戒を呼び掛けた。

　さらに、7月10日6時40分に福岡県（朝倉市及び東峰村）に大雨特別警報が発表されたことを踏まえ、国民保護・防災部長を長とする消防庁災害対策本部（第2次応急体制）に改組し応急体制の強化を行うとともに、大雨特別警報が発表された福岡県及び大分県に対し迅速な初動対応及び被害報告を要請した。

　また、7月10日及び14日にも都道府県及び指定都市に対し警戒情報を発出し、最新の気象情報を提供するとともに、更なる警戒を呼び掛けた（**特集 1-4 表**）。

特集 1-4 表　消防庁の対応

日 付	時 刻	本部設置等
6月29日	15時00分	応急対策室長を長とする消防庁災害対策室を設置（第1次応急体制）
6月29日	15時45分	都道府県及び指定都市に対し「梅雨前線による大雨についての警戒情報」発出
7月3日	16時23分	都道府県及び指定都市に対し「梅雨前線による大雨についての警戒情報」発出
7月4日	12時01分	都道府県及び指定都市に対し「梅雨前線による大雨についての警戒情報」発出
7月6日	15時59分	都道府県及び指定都市に対し「梅雨前線による大雨についての警戒情報」発出
7月10日	6時40分	国民保護・防災部長を長とする消防庁災害対策本部に改組（第2次応急体制）
7月10日	6時43分	大雨特別警報が発表された福岡県に対し迅速な初動対応及び被害報告を要請
7月10日	8時15分	大雨特別警報が発表された大分県に対し迅速な初動対応及び被害報告を要請
7月10日	15時59分	都道府県及び指定都市に対し「梅雨前線による大雨についての警戒情報」を発出
7月14日	17時08分	都道府県及び指定都市に対し「梅雨前線による大雨についての警戒情報」を発出

ウ　被災自治体の対応

　この大雨により、富山県、岐阜県、三重県、広島県、山口県、福岡県及び大分県の7県が災害対策本部を設置し、大規模な土砂災害が発生した福岡県及び佐賀県は、自衛隊に対し災害派遣要請を行った。

　また、被災市町村では、住民に対し、大雨による家屋の浸水や土砂災害への警戒を促すとともに、順次避難指示等を発令し、早期の避難を呼び掛けた。

エ　消防機関の活動

（ア）消防本部

　被害を受けた地域を管轄する消防本部では、多数の119番通報が入電し、直ちに救助・救急等の活動に当たったほか、被害状況を把握するため、佐賀県等の消防防災ヘリコプターが情報収集活動等に当たった。

　また、大規模な土砂災害が発生した福岡県久留米市、佐賀県唐津市及び大分県由布市では、地元消防本部が消防団や県内消防本部からの応援隊と協力し、救助活動、行方不明者の捜索活動等に当たった。

救出活動の様子
（久留米広域消防本部提供）

（イ）消防団

　富山県、山口県及び九州北部地方の市町村をはじめ、甚大な被害に見舞われた多くの市町村において、消防団は、危険箇所の巡視・警戒、早期避難の呼び掛け、住民の避難誘導及びボートによる救助活動等を行ったほか、土砂撤去等の災害復旧活動を実施した。

消防団による救助活動の様子
（福岡県うきは市提供）

4　令和5年7月15日からの大雨に係る被害及び消防機関等の対応状況

（1）災害の概要

ア　気象の状況

　令和5年7月14日から16日にかけて、東北地方に梅雨前線が停滞し、前線に向かって暖かく湿った空気が流れ込んだ影響で、前線の活動が活発となり、東北地方の北部を中心に大雨となった。秋田県の複数の地点で、24時間降水量が観測史上1位の値を更新したほか、秋田県や青森県では平年の7月の月降水量を大きく上回る記録的な大雨となった地点があった。

　また、7月18日から19日にかけても前線の活動が活発となり、岩手県や秋田県で日降水量が100ミリを超える大雨となった地点があった。

イ　被害の状況

　この記録的な大雨により、東北地方を中心に河川氾濫、浸水、崖崩れ等が発生し、秋田県で死者1人、負傷者5人の人的被害が発生した。

　また、秋田県秋田市においては市街地が広範囲にわたって浸水するなど、住家被害については、計6,966棟となっている（令和5年11月15日現在）。

被害の状況
（五城目町消防本部提供）

（2）政府の主な動き及び消防機関等の活動

ア　政府の主な動き

政府においては、7月13日15時45分に情報連絡室を設置するとともに、関係省庁災害警戒会議を開催し、各省庁の初動体制を確認するとともに、自治体や国民に対し大雨への警戒を呼び掛けた。

その後、7月18日には関係省庁災害対策会議を開催し、既に判明した被害及び対応状況について関係省庁間の情報共有と今後の対応の確認を行うとともに、改めて自治体や国民に対し大雨への警戒を呼び掛けた。

イ　消防庁の対応

消防庁においては、7月13日15時45分に応急対策室長を長とする消防庁災害対策室（第1次応急体制）を設置し情報収集体制の強化を図るとともに、同日16時03分に、都道府県及び指定都市に対し「梅雨前線による大雨についての警戒情報」を発出し、自治体に対して災害対応に万全を期すよう呼び掛けた。

また、7月14日及び18日にも警戒情報を発出し、最新の気象情報を提供するとともに、大雨に対する更なる警戒を呼び掛けた。

ウ　被災自治体の対応

この大雨により、青森県及び秋田県の2県が災害対策本部を設置し、大規模な浸水被害が発生した秋田県は、自衛隊に対し災害派遣要請を行った。

また、被災市町村では、住民に対し、大雨による家屋の浸水や土砂災害への警戒を促すとともに、順次避難指示等を発令し、早期の避難を呼び掛けた。

エ　消防機関の活動

（ア）消防本部

被害を受けた地域を管轄する消防本部では、多数の119番通報が入電し、直ちに救助・救急等の活動に当たった。

また、大規模な浸水被害が発生した秋田県五城目町では、地元消防本部が消防団や県内の消防本部の応援隊と協力して救助活動に当たった。

（イ）消防団

甚大な被害に見舞われた秋田県内の多くの市町村において、消防団は、危険箇所の巡視・警戒、避難誘導、消防本部の救助活動の支援及び小型ポンプによる排水活動等を行ったほか、家財の搬出や路上の土砂撤去等の災害復旧活動を実施した。

5　令和5年台風第7号に係る被害及び消防機関等の対応状況

（1）災害の概要

ア　気象の状況

令和5年8月15日は台風第7号の進路に近い西日本の地域を中心に大雨となり、鳥取県、岡山県、香川県及び岩手県では平年の8月の月降水量の2倍を超える大雨となった。気象庁は同日16時40分に鳥取県鳥取市に大雨特別警報を発表した。

また、8月11日には東京都（小笠原諸島）で、14日から15日にかけては近畿地方や東海地方で、最大瞬間風速が30メートルを超える風が吹いた地点があった。

イ　被害の状況

この記録的な大雨により、東海地方から中国地方までの広い範囲で河川氾濫、浸水、崖崩れ等が発生し、負傷者70人の人的被害が発生した。

また、住家被害については、京都府で405棟、兵庫県で157棟など、計929棟となっている（令和5年11月15日現在）。

（2）政府の主な動き及び消防機関等の活動

ア　政府の主な動き

政府においては、8月10日15時00分に情報連絡室を設置するとともに、関係省庁災害警戒会議を開催し、各省庁の初動体制を確認し、自治体や国民に対し大雨への警戒を呼び掛けた。

その後、8月14日には関係省庁災害警戒会議を開催し、既に判明した被害及び対応状況について関係省庁間の情報共有と今後の対応の確認を行うとともに、改めて自治体や国民に対し大雨への警戒を呼び掛けた。

8月15日16時40分に鳥取県鳥取市に大雨特別警報が発表されたことを踏まえ、同時刻に官邸連絡室に改組した。

イ　消防庁の対応

消防庁においては、8月10日15時00分に応急対策室長を長とする消防庁災害対策室（第1次応急体制）を設置し情報収集体制の強化を図るとともに、同日15時25分に都道府県及び指定都市に対し「令和5年台風第7号についての警戒情報」を発出し、自治体に対して災害対応に万全を期するよう呼び掛けた。

また、8月14日にも警戒情報を発出し、最新の気象情報を提供するとともに、大雨に対する更なる警戒を呼び掛けた。

さらに、8月15日16時40分に鳥取県鳥取市に大雨特別警報が発表されたことを踏まえ、国民保護・防災部長を長とする消防庁災害対策本部（第2次応急体制）に改組し応急体制の強化を行うとともに、大雨特別警報が発表された鳥取県に対し迅速な初動対応及び被害報告を要請した。

ウ　被災自治体の対応

この大雨により、岐阜県、愛知県、三重県、鳥取県及び岡山県の5県が災害対策本部を設置した。

また、被災市町村では、住民に対し、大雨による家屋の浸水や土砂災害への警戒を促すとともに、順次避難指示等を発令し、早期の避難を呼び掛けた。

エ　消防機関の活動
（ア）消防本部

被害を受けた地域を管轄する消防本部では、多数の119番通報が入電し、直ちに救助・救急等の活動に当たった。

また、鳥取県等の消防防災ヘリコプターが情報収集活動等に当たった。

救助活動の様子
（綾部市消防本部提供）

（イ）消防団

京都府及び鳥取県内の市町村をはじめ、甚大な被害に見舞われた多くの市町村において、消防団は、危険箇所の巡視・警戒、住民の避難誘導及び消防車両等による排水作業等を行ったほか、土砂撤去等の災害復旧活動を実施した。

6　令和5年台風第13号に係る被害及び消防機関等の対応状況

（1）災害の概要

ア　気象の状況

令和5年9月8日から9日にかけて、台風第13号の中心から離れた関東地方及び東北地方の太平洋側を中心に大雨となった。東京都（伊豆諸島）、千葉県、茨城県及び福島県では、8日に線状降水帯が発生し、1時間に80ミリ以上の猛烈な雨が降った地点があった。これらの地域では、観測史上1位の1時間降水量を観測した地点があったほか、7日から9日にかけての総降水量が、400ミリを超えた地点や平年の9月の月降水量を超えた地点があった。

イ 被害の状況

　この記録的な大雨により、東北地方及び関東地方を中心に河川氾濫、浸水、崖崩れ等が発生し、死者3人、負傷者18人の人的被害が発生した。

　また、住家被害については、福島県で1,806棟、茨城県で1,618棟、千葉県で2,669棟など、計6,096棟となっている（令和5年11月15日現在）。

■（2）政府の主な動き及び消防機関等の活動

ア 政府の主な動き

　政府においては、9月7日15時00分に情報連絡室を設置するとともに、関係省庁災害警戒会議を開催し、各省庁の初動体制を確認し、自治体や国民に対し大雨への警戒を呼び掛けた。

イ 消防庁の対応

　消防庁においては、9月7日15時00分に応急対策室長を長とする消防庁災害対策室（第1次応急体制）を設置し情報収集体制の強化を図るとともに、同日15時39分に、都道府県及び指定都市に対し「令和5年台風第13号についての警戒情報」を発出し、自治体に対して災害対応に万全を期するよう呼び掛けた。

　また、この大雨により、茨城県日立市では、浸水想定区域外にある市役所本庁舎が浸水し、非常用電源が稼働しない事案が発生した。

　この事案を受けて、消防庁では、自治体に対し、災害対策本部設置庁舎が浸水想定区域外であっても、非常用電源について浸水対策等の要否を確認し、必要に応じ対応いただくことを周知する通知を発出した。

ウ 被災自治体の対応

　この大雨により、福島県、茨城県及び千葉県の3県が災害対策本部を設置し、土砂災害が発生した茨城県は、自衛隊に対し災害派遣要請を行った。

　また、被災市町村では、住民に対し、大雨による家屋の浸水や土砂災害への警戒を促すとともに、順次避難指示等を発令し、早期の避難を呼び掛けた。

　なお、茨城県日立市では、市役所本庁舎の地下にある電源設備が浸水して停電したため、災害対策本部を消防庁舎に移して対応した。

エ 消防機関の活動

（ア）消防本部

　被害を受けた地域を管轄する消防本部では、多数の119番通報が入電し、直ちに救助・救急等の活動に当たった。

　また、福島県等の消防防災ヘリコプターが情報収集活動に当たったほか、茨城県消防防災ヘリコプターにあっては、日立市内の孤立地域への物資輸送も行った。

救助活動の様子
（福島県提供）

（イ）消防団

　福島県及び千葉県内の市町村をはじめ、甚大な被害に見舞われた多くの市町村において、消防団は、危険箇所の巡視・警戒、早期避難の呼び掛け、住民の避難誘導及び消防車両等による排水作業等を行ったほか、災害廃棄物運搬等の災害復旧活動を長期間にわたり実施した。

消防団による排水作業の様子
（千葉県九十九里町提供）

7　「防災・減災、国土強靱化のための５か年加速化対策」における消防庁の取組

（１）「防災・減災、国土強靱化のための５か年加速化対策」の概要

　近年、気候変動の影響により気象災害は激甚化・頻発化し、南海トラフ地震などの大規模地震の発生も切迫している。また、老朽化するインフラの維持管理・更新に適切に対応しなければ、行政・社会経済システムが機能不全に陥る懸念がある。

　このような危機に打ち勝ち、国民の生命・財産を守り、社会の重要な機能を維持するためには、防災・減災、国土強靱化の取組の加速化・深化を図る必要がある。

　政府は、平成 26 年６月３日に策定し、平成 30 年12 月 14 日に変更を閣議決定した「国土強靱化基本計画」を踏まえ、「防災・減災、国土強靱化のための３か年緊急対策」（平成 30 年 12 月 14 日閣議決定）等に基づき、防災・減災、国土強靱化の取組を推進してきた。

　加えて、令和２年 12 月 11 日、「防災・減災、国土強靱化のための５か年加速化対策」（以下、本特

集において「５か年加速化対策」という。）を閣議決定し、「激甚化する風水害や切迫する大規模地震等への対策」、「国土強靱化に関する施策を効率的に進めるためのデジタル化等の推進」等の分野の取組について、更なる加速化・深化を図ることとし、令和７年度までの５か年に追加的に必要となる事業規模等を定め、重点的・集中的に対策を講ずることとした。

　消防庁では、５か年加速化対策に８つの施策を位置付けており、以下、各々の施策の概要について説明する。

　なお、令和５年７月 28 日には「国土強靱化基本計画」の更なる変更が閣議決定されたところであり、消防庁としても、幅広い住民の入団促進等による消防団の充実強化や、DX の推進による緊急消防援助隊の指揮支援体制の強化等に取り組むこととしている。

（２）５か年加速化対策における消防庁の施策
ア　大規模災害等緊急消防援助隊充実強化対策

　近年の激甚化する土砂・風水害や切迫する南海トラフ地震など、大規模災害に備え、より迅速な消火・救助体制の整備、情報収集・共有機能の充実、後方支援体制の強化等を行い、効果的・効率的な活動ができるよう、緊急消防援助隊の車両・資機材の適切な整備を行う。

　本施策の目標としては、令和７年度までに、情報収集活動用ドローン 37 台、映像伝送装置 54 台、拠点機能形成車 10 台、さらに特別高度工作車 12 台を整備するとともに、緊急消防援助隊動態情報システムの機能向上を行い、各都道府県や各ブロック単位での整備を進めていくこととしている。

　令和４年度までに、緊急消防援助隊動態情報システムの更新を行い、機能向上を図ったほか、情報収集活動用ドローン 37 台、映像伝送装置 31 台、拠点機能形成車１台の整備を行った。

　令和５年度においても、特別高度工作車 12 台（令和４年度に更新予定としていた６台を含む。）の更新を行うほか、拠点機能形成車７台（令和４年度に整備予定としていた５台を含む。）の整備を行う。

情報収集活動用ドローンの活用

寝袋　発電機　エアーテント　小型テント　簡易トイレ　組み立て式シャワー　調理器具

拠点機能形成車

イ　NBC 災害等緊急消防援助隊充実強化対策

　NBC 災害等への対応体制の充実強化を図るため、車両・資機材の老朽化を踏まえ、適切な整備を行う。

　本施策の目標としては、令和 7 年度までに、全国に配備している NBC 災害即応部隊（54 部隊）の資機材（化学剤検知器や大型除染システム等）を最新の知見に基づき整備することとしている。

　また、全国の緊急消防援助隊に配備している放射線防護資機材（放射線防護全面マスクや放射線量率計等）についても、更新することとしている。

　令和 4 年度までに、化学剤検知器や大型除染システム等の NBC 災害対応資機材を 24 部隊に整備するなどの対応を実施した。

　令和 5 年度においても、28 部隊への整備などを行う。

化学剤同定装置（固体・液体）　　大型除染システム

NBC 災害対応資機材（一部）

ウ　大規模災害等航空消防防災体制充実強化対策

　大規模災害等発生時の被害状況の早期把握、救助・救急活動、被災地への迅速な消防庁職員派遣等のため、消防防災ヘリコプターの航空機・資機材等の整備を行う。

　本施策の目標としては、令和 7 年度までに、緊急消防援助隊の航空小隊（5 か年加速化対策開始前の令和 2 年 12 月 1 日時点で 74 隊）を 80 隊程度まで整備し、航空消防防災体制の充実強化を図ることとしている。

　令和 4 年度までに、新たな航空小隊が 3 隊配備され、緊急消防援助隊の航空小隊は 77 隊となった。

　令和 5 年度以降においても、緊急消防援助隊の航空小隊の整備促進を図る。

　また、あわせて消防防災ヘリコプターによる広域的な運航体制の更なる連携強化を図っていく。

消防庁ヘリコプター

エ　地域防災力の中核を担う消防団に関する対策

　近年、災害が激甚化・頻発化する中で、地域防災力の中核として、消防団の果たす役割がますます大きくなっていることを踏まえ、消防団の災害対応能力を向上させるため、市町村に対し、救助用資機材等を搭載した多機能消防車両を無償で貸し付け、訓練等を支援している。

　また、救助用資機材等の整備を促進するための国

庫補助事業を実施しており、令和5年度から新たに、補助対象資機材に水中ドローン及び高視認性防寒衣を追加し、更なる災害対応能力の向上を支援している。

本施策の目標としては、特に風水害に対応した十分な車両・資機材を備え救助活動等を行える消防団の割合を令和7年度までに 100%とすることとしている。

救助用資機材搭載型小型動力ポンプ積載車

救助用資機材等のイメージ

オ　自治体庁舎等における非常用通信手段の確保対策

消防庁は、令和4年8月3日からの大雨において、山形県飯豊町における固定電話回線が断絶したため、地域衛星通信ネットワークを利用して災害情報の把握を行った。

このように、災害発生時に地上通信網が途絶した際に、都道府県や市町村等が外部と連絡を取ること

ができるよう都道府県・市町村等に対して衛星通信を用いた非常用通信手段の確保を働き掛けるとともに、技術情報の提供を通じて整備を促進する。

本施策の目標としては、令和7年度までに地域衛星通信ネットワークの第3世代システムをはじめとした衛星通信機器を全市町村・消防本部に導入することとしている（**特集 1-1 図**）。

令和4年度までに、40 道府県が地域衛星通信ネットワークに係る衛星通信機器を全市町村へ導入又は導入に向けた具体的な取組に着手した。

令和5年度においても、引き続き、各都道府県に対し衛星通信システムの整備状況及び予定に関する調査を実施し、調査結果を踏まえ7都県へ働き掛けを行う。

特集 1-1 図　**衛星通信を用いた非常用通信手段のイメージ**

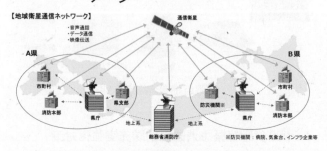

カ　住民等への情報伝達手段の多重化対策

住民に対し災害情報を確実に伝達すべく、その伝達手段の多重化を推進するため、アドバイザー派遣や技術的知見の整理、各種会議での周知等により、市町村に対して防災行政無線等の整備や戸別受信機の導入などを促進する。

本施策の目標としては、令和7年度までに、全ての市町村において防災行政無線等の災害情報伝達手段を整備することとしている。

令和4年度までに、全市町村のうち 96.2%の団体で防災行政無線等が整備済となっている。

令和5年度においても、引き続き市町村に対して技術的提案や助言を行うアドバイザー派遣事業を実施するとともに、「災害情報伝達手段の整備等に関する手引き」（令和5年3月消防庁）に掲載されている災害情報伝達手段の奏功事例を最新の事例に更新する。

キ　消防指令システムの高度化等に係る対策

各消防本部等で整備されている消防指令システム

について、近年の情報通信技術（ICT）環境の変化や、令和6年度から令和8年度にかけてシステムが更新のピークを迎えることを踏まえ、通報手段の多様化や外部システム及びサービスとの円滑な連携の実現等、高度化に向けて検討し、同システムの標準化を図る。

本施策の目標としては、各消防本部における外部システムと連携するための標準インターフェイス（データの出入口）の導入を推進するため、令和5年度末までに消防庁において標準インターフェイスやデータの要件を盛り込んだ標準仕様書を策定することとしている。

目標年度である令和5年度は、引き続き標準仕様の検討を行うとともに、消防本部での消防指令システムの実運用を想定した実証実験等を実施し、高度化に向けた検討を進めている。

ク　被害状況等の把握及び共有のための対策

発災時に迅速・的確な災害応急対策を講じるため、死者数等の人的被害、全壊棟数等の住家被害及び避難指示の発令状況等（12項目の被害情報）を地方公共団体等と効率的に共有するためのシステムを整備する（**特集1-2図**）。

本施策の目標として、令和5年度までに全都道府県について、12項目の被害情報全てを自動収集するためのシステムを整備し、その整備後は、安定的な運用に努めることとしている。

令和4年度は、令和5年度の稼働に向けて、本システムの整備及び関連システムの改修を実施した。

令和5年度は、4月に本システムの稼働を開始し、全都道府県との間で被害情報を自動収集できる体制を構築した。引き続き、本システムの安定的な運用に努めるとともに、訓練や実災害時に生じた運用上の課題を踏まえ、被害状況等の把握及び共有が迅速にできるよう、必要に応じて改善に取り組むことを予定している。また、内閣府（防災担当）が整備する予定の「次期総合防災情報システム」との情報連携に向けて、技術要件等を調整している（**特集1-3図**）。

特集1-2図　**消防庁が収集する被害情報**

人的被害	死者	
	行方不明者	
	負傷者	重傷
		軽傷
住家被害	全壊	
	半壊	
	一部破損	
	床上浸水	
	床下浸水	
避難指示等	対象世帯数	
	対象人数	
災害対策本部等の設置状況		

特集1-3図　**消防庁被害情報収集・共有システム**

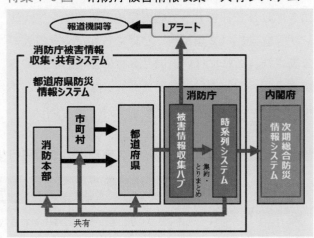

<table>
<tr><td>特集 2</td><td colspan="2">新型コロナウイルス感染症対策・
熱中症への対応</td></tr>
</table>

1　新型コロナウイルス感染症の感染症法上の位置付けの変更

　新型コロナウイルス感染症について、感染症の予防及び感染症の患者に対する医療に関する法律（以下、本特集において「感染症法」という。）第44条の2第3項の規定に基づき、厚生労働大臣から、令和5年5月7日をもって感染症法の新型インフルエンザ等感染症（2類相当）と認められなくなる旨が公表され、これに伴い、同月8日に感染症法上の5類感染症への位置付けの変更が行われた（以下、本特集において「5類移行」という。）。

（1）5類移行に伴う医療体制等の変更

　5類移行に伴い、

①新型コロナウイルス感染症の感染者の発生動向の把握については、定点医療機関からの報告数とする。

②医療体制については、これまで対応してきた医療機関に加えて、新たな医療機関にも対応を促す。

③感染対策については、国民の主体的な選択を尊重し、個人や事業者の判断に委ねる。

等といった医療体制等の変更が行われた（**特集 2-1図**）。

特集 2-1図　新型コロナウイルス感染症の5類移行後の対応について（医療体制等）

	新型インフルエンザ等感染症（2類相当）	5 類 感 染 症
発生動向の把握	○法律に基づく届出等から、患者数や死亡者数の総数を毎日把握・公表 ○医療提供の状況は自治体報告で把握	○定点医療機関からの報告に基づき、毎週月曜日から日曜日までの患者数を公表 ○G-MISを用いた新規患者数や病床の状況等を用いて監視を継続
医療体制	○入院措置等、行政の強い関与 ○限られた医療機関による特別な対応	○幅広い医療機関による自律的な通常の対応 ○これまで対応してきた医療機関に加えて、新たな医療機関に参画を促す ○医療提供体制に関して、全ての都道府県で令和6年3月末までの「移行計画」を策定
患者対応	○法律に基づく行政による患者の入院措置等 ○入院・外来医療費の自己負担分を公費支援	○政府として一律に外出自粛はせず ○治療薬の費用は、自己負担なしの扱いから、一定の自己負担を求めつつ公費支援を継続 ○入院医療費は、高額療養費制度の自己負担限度額から1万円の減額に見直して公費支援を継続
感染対策	○法律に基づき行政が様々な要請や関与をしていく仕組み ○基本的対処方針や業種別ガイドラインによる感染対策	○国民の主体的な選択を尊重し、個人や事業者の判断に委ねる。 ○基本的対処方針等は廃止 　行政は個人や事業者の判断に資する情報を提供
ワクチン	○予防接種法に基づき、特別臨時接種として自己負担なく接種	○令和5年度も引き続き、自己負担なく接種 ・高齢者など重症化リスクが高い方等 　：年2回（5月～、9月～） ・上記以外の6か月以上のすべての方 　：年1回（9月～）

※厚生労働省資料「新型コロナウイルス感染症（COVID-19）の感染症法上の位置付けの変更について」から一部引用、作成

特集 2-2 図　新型コロナウイルス感染症の５類移行後の対応について（消防機関）

	新型インフルエンザ等感染症（２類相当）	５　類　感　染　症
医療機関の選定	○感染症法に基づく都道府県（保健所）の業務 ・コロナ患者の医療機関への移送 ・コロナ患者の入院調整	○他の疾病と同様に消防機関（救急隊）が救急業務として医療機関の選定や搬送を行う。 ○都道府県の実情に応じて、当面「入院調整本部」等の枠組みを残すことが可能とされている。
財政措置	○救急隊の感染防止資器材の購入及び感染性廃棄物処理に係る費用等については、感染症予防事業費等国庫負担（補助）金（1/2補助）や新型コロナウイルス感染症対応地方創生臨時交付金（補完的支援）の補助対象とされていた。	○５月８日以降は、救急隊の感染防止資器材の購入及び感染性廃棄物処理に係る費用については、「新型コロナウイルス感染症緊急包括支援交付金」の対象となった。このことから、左記の国庫負担金は終了となり、臨時交付金については対象外となった。 ○10月１日以降は、救急隊の感染防止資器材の購入に係る費用のみが対象になる。 （令和６年３月末までの対応）

（2）５類移行に伴う消防機関の対応の変更

　新型コロナウイルス感染症の感染者や同感染症を疑う症状を呈する傷病者（以下、本特集において「コロナ傷病者」という。）から 119 番通報があれば、他の疾病と同様に消防機関（救急隊）が救急業務として医療機関の選定や搬送を行うことになった。コロナ傷病者の対応に必要となる、救急隊の感染防止資器材の購入に係る費用については、５類への移行期間が終了する令和６年３月末まで、新型コロナウイルス感染症緊急包括支援交付金の対象となった（**特集 2-2 図**）。

2　新型コロナウイルス感染症対策に係る消防機関等の取組

（1）具体的な取組

　消防庁においては、新型コロナウイルス感染症対策について累次の通知等を発出し、消防機関の円滑な活動の推進や、国民の安全確保に努めた。

ア　救急業務における対応

　消防庁においては、救急隊員が行う感染防止対策などの具体的手順の徹底や、保健所等関係機関との密な情報共有、救急搬送困難事案の抑制に向けた医療関係機関との連携協力等について、消防機関に要請した。

（ア）救急隊員への注意喚起等

　５類移行後のコロナ傷病者に対する感染防止対策については、消防庁から消防機関に以下のことを周知した。

・感染防止対策はこれまでと変わらないものであるため、引き続き「救急隊の感染防止対策マニュアル（Ver.2.1）」を参考に救急隊の感染防止対策を

徹底すること
・今後も、医療機関における感染防止対策や最新の知見を踏まえ、情報提供等を行う予定であること
（イ）救急搬送困難事案への対応

　消防庁では、「新型コロナウイルス感染症に伴う救急搬送困難事案に係る状況調査について（依頼）」（令和２年４月 23 日付け通知）を発出し、全国 52 消防本部を調査対象として、救急搬送困難事案の件数を把握している。これを踏まえ、消防庁において救急搬送困難事案の状況を厚生労働省と共有するとともに、都道府県消防防災主管部（局）に対し、衛生主管部（局）等との情報共有や地域における搬送受入れ体制の整備・改善の検討等に活用するよう依頼している。

　当該調査を通じて把握した５類移行後の救急搬送困難事案の発生件数を見ると、令和５年７月第１週まではほぼ横ばいで推移した。そして、７月第２週から増加し、９月第１週からは減少傾向となった（**特集 2-3 図**）。救急搬送困難事案の調査結果は、消防庁ホームページ上の特設サイト「新型コロナウイルス感染症対策関連」を毎週更新し、最新の情報を掲載している。

　５類移行後、消防庁から消防機関に対して、関係通知等を発出しており、その主な対応は次のとおりである。

特集2-3図　**各消防本部からの救急搬送困難事案に係る状況調査の結果（各週比較）**

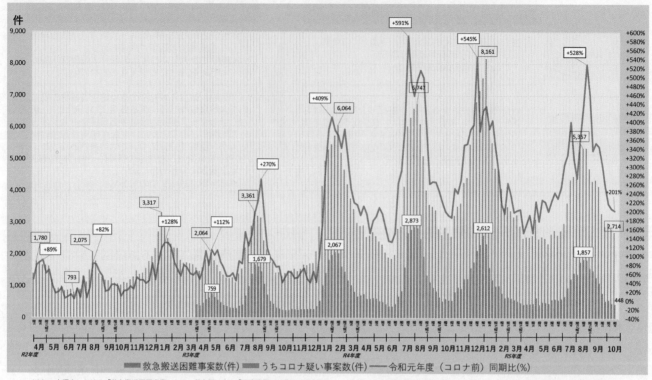

※１　本調査における「救急搬送困難事案」とは、救急隊による「医療機関への受入れ照会回数４回以上」かつ「現場滞在時間30分以上」の事案として、各消防本部から総務省消防庁あて報告のあったもの。なお、これらのうち、医療機関への搬送ができなかった事案はない。
※２　調査対象本部＝政令市消防本部・東京消防庁及び各都道府県の代表消防本部　計52本部
※３　コロナ疑い事案＝新型コロナウイルス感染症疑いの症状（体温37度以上の発熱、呼吸困難等）を認めた傷病者に係る事案（５類移行により、保健所等による医療機関への受入れ照会が行われず、消防機関において照会を行った新型コロナ陽性者に係る事案を含む。）。

※４　医療機関の受入れ体制確保に向け、厚生労働省及び都道府県等と状況を共有。
※５　この数値は速報値である。
※６　本調査には保健所等により医療機関への受入れ照会が行われたものは含まれない。

a　令和５年５月の５類移行に伴う対応

　令和５年３月 17 日付け事務連絡により、５類移行に伴う消防機関の対応を消防機関に周知するとともに、５類移行後の救急搬送に支障が生じないよう、救急搬送体制の確保に努めるよう要請した。

　令和５年３月 24 日付け事務連絡により、消防機関が医療機関等情報支援システム（G-MIS）の ID を取得するための手続の方法を周知し、５類移行後も、円滑な救急搬送体制を確保するために、受入れ可能な医療機関情報や空床情報等を取得することが重要であることを周知した。

b　令和５年夏の感染拡大を見据えた対応

　令和５年５月 19 日付け事務連絡により、５類移行後の全国 52 消防本部の救急に係る実態調査結果を消防機関に共有し、今後の救急搬送困難事案への対応の再確認を要請した。

　令和５年７月 26 日付け事務連絡により、救急搬送困難事案が急増した時の取組について、消防本部の優良事例を消防機関に共有するとともに、感染症法に基づく都道府県連携協議会等を活用し、消防機関と医療関係機関が連携して、今後の対応を準備するよう要請した。

イ　消防団活動における感染症対策

　消防団員は、主に災害時の避難誘導や避難所運営支援の際などに、コロナ患者と接することが想定される。

　５類移行に伴い、令和５年３月 10 日付け事務連絡により、消防団活動における今後のマスク着用について、重症化リスクの高い人等に感染させない配慮は継続しながら、個人の判断に委ねることが基本となることなどを周知した。

ウ　救急救命士によるワクチン接種

　令和３年６月に「新型コロナウイルス感染症のワクチン接種を推進するための各医療関係職種の専門性を踏まえた対応の在り方等について」（令和３年６月４日付け厚生労働省通知）が発出され、一定の要件の下、時限的・特例的な取扱いとして、救急救命士によるワクチン接種が可能になった。令和５年３月に「新型コロナウイルス感染症に関する PCR 検査のための鼻腔・咽頭拭い液の採取の歯科医師による実施及びワクチン接種のための筋肉内注射の歯科医師、臨床検査技師及び救急救命士による実施について（周知）」（令和５年３月 31 日付け厚生労働省

通知）が発出され、ワクチン接種を進めるために、必ずしも医師や看護師等が確保できない状況ではなくなっていることから、令和5年4月1日以降、時限的・特例的な取扱いを要する状況は脱したと思料する旨の見解が示された。

なお、令和4年12月2日に成立した感染症の予防及び感染症の患者に対する医療に関する法律等の一部を改正する法律では、救急救命士によるワクチン接種に係る規定が設けられたところであり、当該規定は、令和6年4月1日に施行される。

エ 災害対応に係る感染症対策

（ア）5類移行に伴う避難所における対応

消防庁においては、5類移行を踏まえ、「新型コロナウイルス感染症の感染症法上の位置づけの変更に伴う避難所における新型コロナウイルス感染症の感染対策等について」（令和5年4月28日付け通知）を発出し、関係部局間でのコロナ患者に関する情報共有や避難所における感染対策等について周知した。

（イ）自然災害発生時の救助活動等及び緊急消防援助隊活動時における感染防止

救急以外の消防活動においても、万全な感染防止対策により、消防隊員の感染防止に努めることが重要である。

令和2年に出水期における河川の氾濫及び土砂災害による大規模自然災害に備え、自然災害発生時の救助活動等及び大規模災害発生時の都道府県を越えた広域応援を行う緊急消防援助隊活動時における感染防止対策について通知を発出し、各都道府県消防防災主管部（局）長及び全国の消防本部に対して周知した。

5類移行後も、引き続き、感染防止に係る対応を求めている。

（2）おわりに

新型コロナウイルス感染症は、感染症法上の位置付けの変更により5類に移行となったが、移行後も感染防止対策については、これまでと変わらないものである。引き続き、消防庁においては、今回の経験や知見を踏まえ、厚生労働省等の関係機関と連携し、今後の感染症に係る対応の充実・強化を図っていく。

3 熱中症への対応

（1）熱中症とは

熱中症とは、温度や湿度が高い中で、体内の水分や塩分（ナトリウムなど）のバランスが崩れ、体温の調節機能が働かなくなり、立ちくらみ、頭痛、吐き気、ひどいときには、けいれんや意識をなくすなど、様々な障害をおこす症状のことをいい、最悪の場合は死に至ることがある。

熱中症を疑った時には、涼しい場所で体を冷やし、水分補給をしながら様子を見ることなどが重要であるとされるが、重症例を見逃さないという観点から、意識がない、全身のけいれんがある、自分で水が飲めない又は脱力感や倦怠感が強くて動けない場合には、ためらわず救急要請をする必要がある。

（2）夏期における熱中症による救急搬送人員の調査

ア 調査の概要

熱中症に対する社会的関心が高まったことを契機に、消防庁では平成20年から全国の消防本部に対し、熱中症による救急搬送人員の調査を実施している。

本調査は、熱中症の救急搬送人員が増加する5月から9月まで行っており、調査結果は速報値として週ごとにホームページ上で公表するとともに、月ごとの集計結果についても確定値として公表している。

イ 令和5年度の調査結果

令和5年5月から9月までにおける全国の熱中症による救急搬送人員は9万1,467人、死亡者数は107人となった。調査期間を5月から9月までとした平成27年以降、平成30年の9万5,137人に次ぐ2番目に多い搬送人員となった。

今年は非常に厳しい暑さが長期間にわたって続き、5月、6月、7月及び9月がそれぞれの月で過去2番目の搬送人員となった（**特集2-4図**）。

令和5年5月から9月までの熱中症による救急搬送人員を年齢区分別にみると、高齢者（満65歳以上）が5万173人と全体の約54.9%で最も多く、次いで成人（満18歳以上満65歳未満）、少年（満7歳以上満18歳未満）となっている。初診時におけ

る傷病程度別にみると、軽症（外来診療）が6万1,456人と全体の約67.2%で最も多く、次いで中等症（入院診療）、重症（長期入院）となっている。発生場所ごとの項目別にみると住居が3万6,541人と全体の約39.9%で最も多く、次いで道路、公衆（屋外）となっている（**特集2-5図**）。

■（3）熱中症予防の取組

ア　消防庁の取組

　消防庁は熱中症予防啓発として、各種コンテンツを消防庁ホームページの熱中症情報サイトにおいて提供し、関係団体に活用を促している。（参照 URL：https://www.fdma.go.jp/disaster/heatstroke/post3.html#heatstroke04）

・熱中症の予防法のほか、熱中症のリスクが高いとされているこどもと高齢者への呼び掛けを主なテーマとした「熱中症予防啓発ポスター」
・熱中症予防のポイント等を説明した「予防啓発動画」
・全国消防イメージキャラクター「消太」を活用して熱中症予防を呼び掛ける「予防啓発イラスト」
・消防車両等での広報に用いる「予防広報メッセージ」
・熱中症の予防法や対処法のポイントを記載した「熱中症対策リーフレット」
・消防機関及び地方公共団体の熱中症予防に係る取組をまとめた「熱中症予防啓発取組事例集」
・訪日外国人を対象とした救急車利用についてのポイントや、熱中症の予防、応急手当のポイントを掲載した「訪日外国人のための救急車利用ガイド」

　このほか、X（旧 Twitter）でも熱中症情報を発信している。

イ　関係省庁との連携

　熱中症に関する取組としては、平成19年から、熱中症対策に関係する省庁が緊密に連携すること等を目的として、「熱中症関係省庁連絡会議」を設置、その後、令和3年からは、熱中症関係省庁連絡会議を改め、環境大臣を議長、関係府省庁の担当部局長を構成員とした「熱中症対策推進会議」を開催することとし、熱中症対策の一層の推進を図っている。

　また、令和5年には、熱中症対策を強化するた

め、気候変動適応法が改正され、熱中症に関する政府の対策を示す実行計画や、熱中症による重大な健康被害が発生するおそれのある場合における特別警戒情報の発表、特別警戒情報の発表期間中における暑熱から避難するための施設の開放措置など、熱中症予防を強化するための仕組みが創設されることとなった。

　その上で、5月から9月までの間、関係府省庁の連携の下「熱中症予防強化キャンペーン」を実施し、政府一体となった国民への発信強化、産業界との連携、熱中症警戒アラートを活用した熱中症予防行動の周知等を行っている。

■（4）おわりに

　気候変動の影響により、近年、年平均気温が上昇している。消防庁においては、今後も全国の消防本部や関係省庁と連携をとりながら、引き続き熱中症に関する注意喚起や情報提供に努めていく。

特集 2-4 図　平成 20 年～令和 5 年の熱中症による救急搬送人員の推移

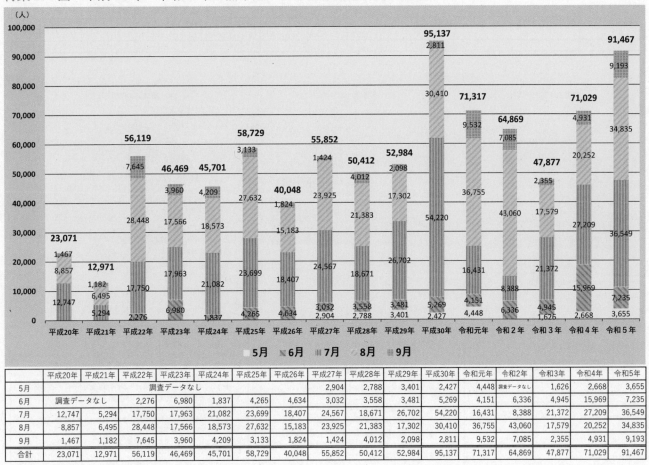

	平成20年	平成21年	平成22年	平成23年	平成24年	平成25年	平成26年	平成27年	平成28年	平成29年	平成30年	令和元年	令和2年	令和3年	令和4年	令和5年
5月	調査データなし							2,904	2,788	3,401	2,427	4,448	調査データなし	1,626	2,668	3,655
6月	調査データなし		2,276	6,980	1,837	4,265	4,634	3,032	3,558	3,481	5,269	4,151	6,336	4,945	15,969	7,235
7月	12,747	5,294	17,750	17,963	21,082	23,699	18,407	24,567	18,671	26,702	54,220	16,431	8,388	21,372	27,209	36,549
8月	8,857	6,495	28,448	17,566	18,573	27,632	15,183	23,925	21,383	17,302	30,410	36,755	43,060	17,579	20,252	34,835
9月	1,467	1,182	7,645	3,960	4,209	3,133	1,824	1,424	4,012	2,098	2,811	9,532	7,085	2,355	4,931	9,193
合計	23,071	12,971	56,119	46,469	45,701	58,729	40,048	55,852	50,412	52,984	95,137	71,317	64,869	47,877	71,029	91,467

特集 2-5 図　　全国の熱中症による救急搬送状況　令和5年5月1日〜9月30日（累計）

	年齢区分別(人)						初診時における傷病程度別(人)						発生場所別(人)							
	新生児	乳幼児	少年	成人	高齢者	合計	死亡	重症	中等症	軽症	その他	合計	住居	仕事場①	仕事場②	教育機関	公衆(屋内)	公衆(屋外)	道路	その他	合計
累計値	5	796	9,583	30,910	50,173	91,467	107	1,889	27,545	61,456	470	91,467	36,541	9,324	2,013	4,310	7,497	11,742	15,186	4,854	91,467
搬送人員に対する割合	0.0%	0.9%	10.5%	33.8%	54.9%	100.0%	0.1%	2.1%	30.1%	67.2%	0.5%	100.0%	39.9%	10.2%	2.2%	4.7%	8.2%	12.8%	16.6%	5.3%	100.0%

※端数処理（四捨五入）のため、割合の合計は100%にならない場合がある。

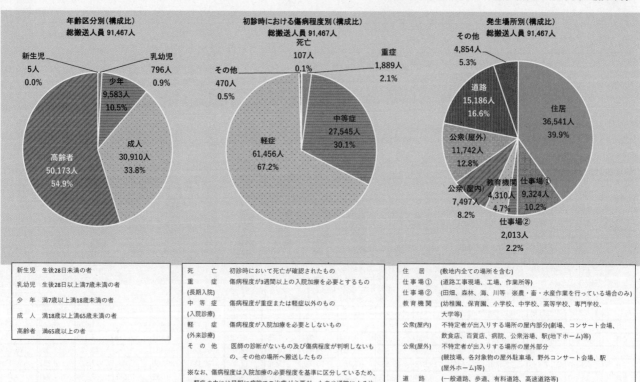

新生児　生後28日未満の者

乳幼児　生後28日以上満7歳未満の者

少　年　満7歳以上満18歳未満の者

成　人　満18歳以上満65歳未満の者

高齢者　満65歳以上の者

死　亡	初診時において死亡が確認されたもの
重　症 (長期入院)	傷病程度が3週間以上の入院加療を必要とするもの
中 等 症 (入院診療)	傷病程度が重症または軽症以外のもの
軽　症 (外来診療)	傷病程度が入院加療を必要としないもの
そ の 他	医師の診断がないもの及び傷病程度が判明しないもの、その他の場所へ搬送したもの

※なお、傷病程度は入院加療の必要程度を基準に区分しているため、軽症の中には早期に病院での治療が必要だった者や通院による治療が必要だった者も含まれる。

住　居	(敷地内全ての場所を含む)
仕事場①	(道路工事現場、工場、作業所等)
仕事場②	(田畑、森林、海、川等　※農・畜・水産作業を行っている場合のみ)
教育機関	(幼稚園、保育園、小学校、中学校、高等学校、専門学校、大学等)
公衆(屋内)	不特定者が出入りする場所の屋内部分(劇場、コンサート会場、飲食店、百貨店、病院、公衆浴場、駅(地下ホーム)等)
公衆(屋外)	不特定者が出入りする場所の屋外部分(競技場、各対象物の屋外駐車場、野外コンサート会場、駅(屋外ホーム)等)
道　路	(一般道路、歩道、有料道路、高速道路等)
そ の 他	(上記に該当しない項目)

熱中症予防啓発ポスター

予防啓発動画

特集 3　Ｇ７広島サミットにおける消防特別警戒等

令和５年５月 19 日から 21 日まで広島市の「グランドプリンスホテル広島」を主会場として、Ｇ７広島サミットが開催された。当該サミットは、Ｇ７メンバーのほか招待国、国際機関及びゲスト国が参加した国際会議であった。

消防としてもサミットの円滑な運営と会議参加者の安全を確保するため、関係施設への火災予防対策やテロ災害を含めた各種災害発生時の即応体制を万全のものとし、消防責任を果たす必要があった。

1　サミット開催までの取組

令和４年７月 15 日の閣議了解により、広島市でのサミット開催が決定された後、サミットの開催準備に関し、政府全体の総合調整を図るため、内閣官房副長官を議長とする「Ｇ７広島サミット準備会議」が開催され、消防庁次長が構成員として参画した。

また、準備会議の下に、「Ｇ７広島サミット準備会議幹事会」及び「Ｇ７広島サミット準備会議セキュリティ対策部会」が設置され、それぞれ消防庁次長が構成員として参画した。これらの会議において、関係府省庁のサミットへ向けた取組状況を共有するとともに、サミットにおける消防・救急体制の構築を含むセキュリティ基本方針の決定等がなされた。

一方、サミット期間中における警防計画（火災、救急、救助活動に係る計画）、予防計画（事前査察、訓練指導、期間中の予防警戒活動に係る計画）等、具体的な消防・救急特別警戒体制を検討するため、令和４年 10 月 28 日、消防庁、広島県、関係消防本部及び全国消防長会で構成された「Ｇ７広島サミット消防・救急対策委員会」（委員長：消防庁次長）を設置するとともに、警防・予防対策をそれぞれ専門的に検討するための「警防部会」及び「予防部会」を設置し、サミットに向けた検討体制を整えた。

これら委員会等における審議を経て、警防計画及び予防計画を策定するとともに、NBC 災害対応訓練や現地視察、首脳会議場・要人宿泊施設等の関連施設（207 施設）に対する立入検査・自衛消防訓練指導等を実施した。

また、令和５年２月 13 日には、関係消防本部 33 本部による「Ｇ７広島サミット消防・救急体制整備に関する応援協定」が締結された。

NBC 災害対応訓練

消防特別警戒の実施に先立ち、サミット警戒に携わる消防隊員に対し、任務を伝達し、隊員の士気高揚を図るため、令和５年５月 16 日には、広島市南区にある「W the Bride's Suite」に消防職員約 150 人が集結し、「任務伝達式」が行われた。式の中では、消防庁長官をはじめ、広島県知事、広島市長及び全国消防長会会長から激励が行われた。

任務伝達式①

任務伝達式②

2　消防特別警戒の体制等

（1）実施期間

G7広島サミットは令和5年5月19日から21日までであったが、警戒活動の準備期間及び各国の首脳等を含めた要人の動向を考慮し、5月16日から22日までの7日間を警戒期間とした。

（2）参加機関

テロ災害が発生している近年の社会情勢や、都市部におけるサミット開催という特性も踏まえ、広島県、広島県内13消防本部、他都府県20消防本部による車両179台、消防防災ヘリコプター6機、消防艇4艇、予防関係車両8台、消防職員等1,777人（警防要員1,296人、予防要員84人、本部要員397人）の消防・救急特別警戒体制を構築した。

（3）警戒体制

G7広島サミットにおいては、次のような消防特別警戒を実施した。

ア　統括警戒本部・消防庁警戒本部

広島市消防局長を本部長として、広島市消防局内に統括警戒本部を設置し、作戦班、指令班、情報班、庶務班、予防班等を設置するとともに、首脳等要人の動向や関連行事の進行状況に応じて警戒部隊等の運用・調整を行う作戦室を設置し意思決定を行った。

さらに、統括警戒本部と連携を図るため、消防庁消防・救急課長を本部長として、広島市消防局内に消防庁警戒本部を設置した。

なお、定例会議等の模様は、テレビ会議システム等を活用し、関係各所に情報共有できる体制を構築した。

また、消防研究センター保有の機動鑑識車を統括警戒本部に配備し、サミット関連施設等における火災発生時の原因調査、鑑識体制の強化を図った。

統括警戒本部定例会議

イ　現地警戒本部等

統括警戒本部指揮のもと、首脳会議場であるグランドプリンスホテル広島及び首脳等要人が利用する航空機が離発着する広島空港に現地警戒本部を設置するとともに、海上付近におけるサミット開催という特性も踏まえ、広島市消防局南消防署水上出張所、廿日市市消防本部宮島消防署に警戒部隊の進駐警戒拠点を設置し、それぞれにNBC災害発生時に対応する部隊を配備した。

また、首脳等宿泊施設における進駐警戒や要人等の移動経路となる高速道路警戒、消防防災ヘリコプターによる航空警戒、消防艇による海上警戒も実施し、万全の体制を確保した。

広島空港現地警戒本部

広島市消防局南消防署水上出張所
進駐警戒拠点

消防防災ヘリコプターによる航空警戒

部隊を配置し、予防警戒要員や随時立入検査隊を支援する体制を構築した。

予防警戒要員による立入検査

ウ　予防警戒

　サミット関連施設の火災予防、災害発生時の初動対応等を任務とする予防警戒要員を 24 時間体制で配置するとともに、首脳等要人の動向やサミット関連行事に合わせ、関連施設に対し立入検査を実施する随時立入検査隊を配置した。

　また、現に予防・危険物業務に従事している指定都市関係消防本部の職員によって編成する予防特命

特集3-1図　消防・救急特別警戒体制

Ｇ７広島サミット期間中における消防・救急特別警戒体制

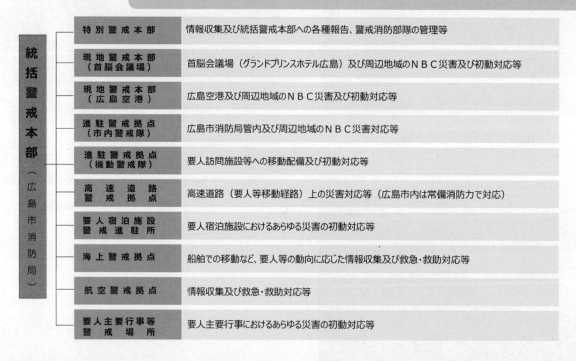

■ **警戒体制**

参加機関：広島県、広島県内１３消防本部、広島県外２０消防本部
人　　員：１８０隊　１，７７７人
車 両 等：車両１７９台（消防車１５２台、救急車２７台）、消防防災ヘリコプター６機、消防艇４艇、予防関係車両８台

統括警戒本部（広島市消防局）		
	特別警戒本部	情報収集及び統括警戒本部への各種報告、警戒消防部隊の管理等
	現地警戒本部（首脳会議場）	首脳会議場（グランドプリンスホテル広島）及び周辺地域のＮＢＣ災害及び初動対応等
	現地警戒本部（広島空港）	広島空港及び周辺地域のＮＢＣ災害及び初動対応等
	進駐警戒拠点（市内警戒隊）	広島市消防局管内及び周辺地域のＮＢＣ災害対応等
	進駐警戒拠点（機動警戒隊）	要人訪問施設等への移動配備及び初動対応等
	高速道路警戒拠点	高速道路（要人等移動経路）上の災害対応等（広島市内は常備消防力で対応）
	要人宿泊施設警戒進駐所	要人宿泊施設におけるあらゆる災害の初動対応等
	海上警戒拠点	船舶での移動など、要人等の動向に応じた情報収集及び救急・救助対応等
	航空警戒拠点	情報収集及び救急・救助対応等
	要人主要行事等警戒場所	要人主要行事におけるあらゆる災害の初動対応等

3　警戒部隊の活動

■（1）火災等

　警戒期間を通じ火災は発生しなかったが、要人が宿泊するホテル付近の共同住宅において自動火災報知設備の鳴動により消防隊１隊が出動したほか、不審物と疑われるものが放置されている事案が７件あり消防機動隊等が７隊出動し警戒活動を実施した。

■（2）救急

　サミットに係る救急出動件数は８件あり、各事案に対しては、事前計画に基づき医療関係者等と緊密に連携しながら対応した。

■（3）予防

　警戒期間中、グランドプリンスホテル広島内の立入検査を２回、広島空港における要人離発着前の立入検査を 29 回、首脳等要人の動向等に合わせた関連施設に対する随時立入検査を10施設17回実施した。

4　総括

　今回開催されたＧ７広島サミットにおける消防特別警戒では、過去のサミット警戒で統括警戒本部のもとに置かれていた消防庁の警戒体制を、消防・救急課長を本部長とする「消防庁警戒本部」として独立して設置し、政府関係各機関との連絡調整に当たった。このことにより、統括警戒本部との役割分担が明確化され、スムーズな警戒活動を実施することができた。

　今回の警戒活動で得た経験を糧に、今後開催が予定されている 2025 年日本国際博覧会（大阪・関西万博）などの大規模イベントにおける消防・救急特別警戒体制の構築を通じ、安全・安心の確保に万全を期すこととしている。

特集 4　消防団を中核とした地域防災力の充実強化

火災の発生に加え、全国各地で地震や風水害等の大規模災害が激甚化・頻発化する中、地域住民の生命、身体及び財産を災害から保護する地域防災力の重要性が更に増している。

消防庁では、平成25年12月に成立した消防団を中核とした地域防災力の充実強化に関する法律（以下、本特集において「消防団等充実強化法」という。）（**特集4-1図**）を踏まえ、地域で防災活動を担う多様な主体が支える地域防災力の充実強化に向け取り組んでいる。

特に消防団は、
・地域密着性（消防団員は管轄区域内に居住又は勤務）
・要員動員力（消防団員数は消防職員数の約4.5倍）
・即時対応力（日頃からの教育訓練により災害対応の技術・知識を習得）

といった特性を有しており、地域防災力の中核として、更なる充実強化に向け取り組む必要がある。

1　消防団の現状

（1）消防団員の減少

消防団員数は年々減少しており、令和5年4月1日現在、前年に比べ2万908人減少し、76万2,670人となっており、令和4年以降、2年連続で前年比2万人以上減少している（**特集4-2図**）。

（2）若年層の入団者数減少

近年の消防団員の入団者数・退団者数をみると、退団者数が高い水準で推移している中、入団者数についても、令和5年調査においては、やや持ち直して8年ぶりの増加となったものの、減少傾向にある

特集4-1図　消防団を中核とした地域防災力の充実強化に関する法律概要

1．目的・基本理念等
- ○　消防団を中核とした地域防災力の充実強化を図り、もって住民の安全の確保に資することを目的とし、地域防災力の充実強化は、消防団の強化を図ること等により地域における防災体制の強化を図ることを旨として実施（1〜3条）
- ○　地域防災力の充実強化を図る国及び地方公共団体の責務（4条）
- ○　住民に対する防災活動への参加に係る努力義務（5条）
- ○　地域防災力の充実強化に関する関係者相互の連絡及び協力義務（6条）
- ○　地域防災力の充実強化に関する計画・具体的な事業計画の策定義務（7条）

2．基本的施策
（1）消防団の強化
- ○　消防団を「将来にわたり地域防災力の中核として欠くことのできない代替性のない存在」と規定（8条）
- ○　消防団への加入の促進
  - ・意識の啓発（9条）
  - ・公務員の消防団員との兼職に関する特例（10条）
  - ・事業者・大学等の協力（11・12条）
- ○　消防団の活動の充実強化のための施策
  - ・消防団員の処遇の改善（13条）
  - ・消防団の装備の改善・相互応援の充実（14・15条）
  - ・消防団員の教育訓練の改善・標準化、資格制度の創設（16条）

（2）地域における防災体制の強化
- ○　市町村による防災に関する指導者の確保・養成・資質の向上、必要な資機材の確保等（17条）
- ○　自主防災組織等の教育訓練において消防団が指導的役割を担うための市町村による措置（18条）
- ○　自主防災組織等に対する援助（19条・20条）
- ○　学校教育・社会教育における防災学習の振興（21条）

特集4-2図　**消防団員数及び被用者である消防団員の割合の推移**

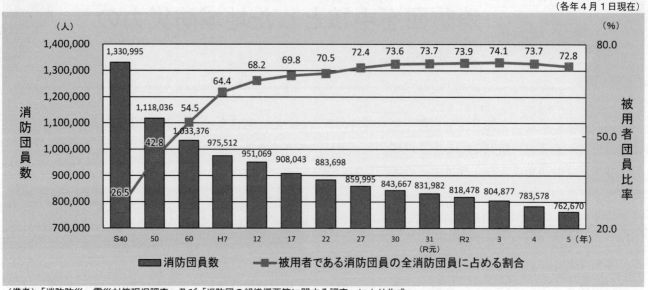

（備考）「消防防災・震災対策現況調査」及び「消防団の組織概要等に関する調査」により作成

特集4-3図　**入団者数・退団者数の推移**

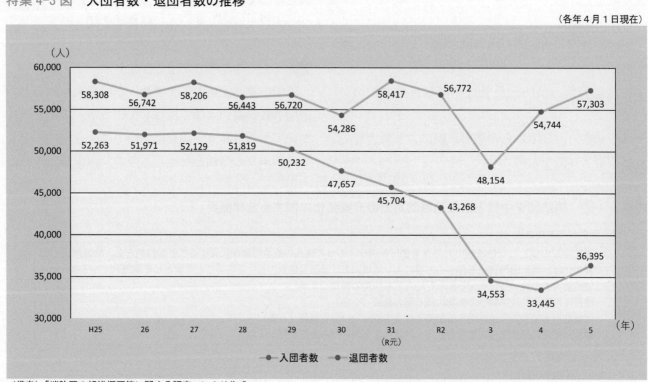

（備考）「消防団の組織概要等に関する調査」により作成

（**特集 4-3 図**）。年齢階層別に入団者数をみると、特に若年層の入団者数が減少傾向にある（**特集 4-4 図**）。

それに伴い、消防団員の平均年齢は毎年少しずつ上昇しており、令和5年4月1日現在、前年に比べ0.4歳上昇し、平均43.6歳となっている（**特集 4-5 図**）。

特集4-4図　年齢階層別入団者数の推移

（各年4月1日現在）

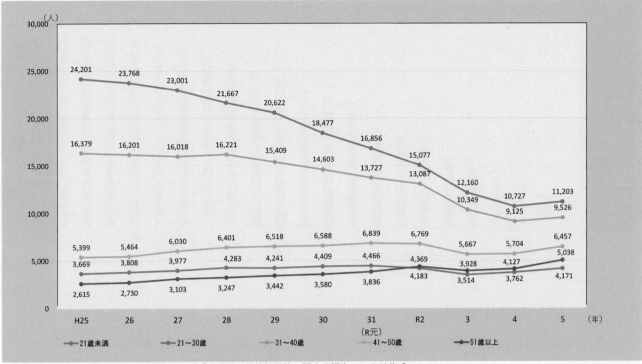

（備考）「消防防災・震災対策現況調査」及び「消防団の組織概要等に関する調査」により作成

特集4-5図　消防団員の年齢構成比率の推移

（各年4月1日現在）

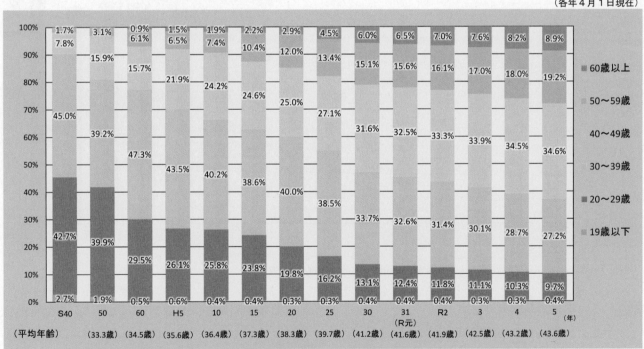

（備考）　1　「消防防災・震災対策現況調査」及び「消防団の組織概要等に関する調査」により作成
　　　　　2　昭和40年、昭和50年は「60歳以上」の統計が存在しない。また、昭和40年は平均年齢の統計が存在しない。

■（3）被用者である消防団員の割合の増加

　被用者である消防団員の全消防団員に占める割合は高い水準で推移しており、令和5年4月1日現在、前年に比べ若干下降したものの、72.8％となっている（**特集4-2図**）。

■（4）女性消防団員の増加

　消防団員数が減少する中、女性消防団員の数は年々増加しており、令和5年4月1日現在、前年に比べ351人増加し、2万7,954人となっている（**特集4-6図**）。また、女性消防団員がいる消防団の割合は、同日現在で、78.3％となっている。

特集 4-6 図　**女性消防団員数の推移**

（各年４月１日現在）

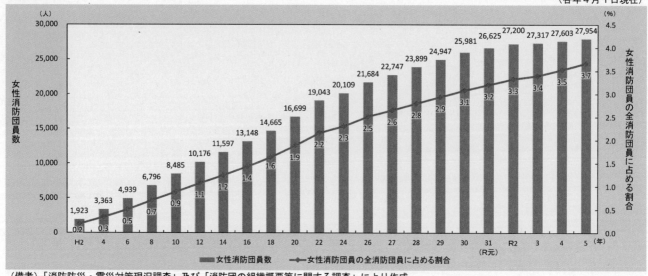

（備考）「消防防災・震災対策現況調査」及び「消防団の組織概要等に関する調査」により作成

特集 4-7 図　**学生消防団員数の推移**

（各年４月１日現在）

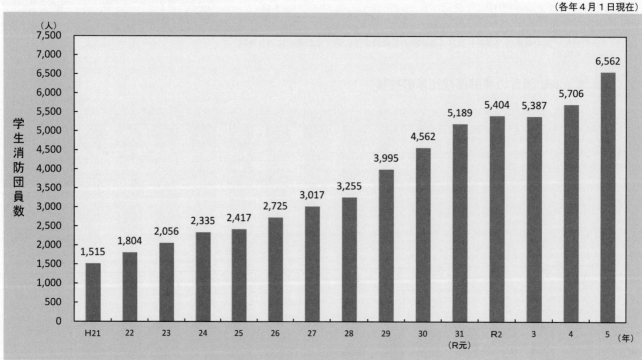

（備考）「消防防災・震災対策現況調査」及び「消防団の組織概要等に関する調査」により作成

（5）学生消防団員の増加

　大学生、大学院生、専門学校生等の消防団員（以下、本特集において「学生消防団員」という。）の数は令和５年４月１日現在、前年に比べ856人増加し、6,562人となっている（**特集4-7図**）。消防団員数が減少する中、学生消防団員の数は増加傾向にある。

（6）機能別消防団員の増加

　機能別消防団員とは、全ての災害対応・活動に参加する基本団員とは異なり、入団時に決めた特定の活動・役割を担う消防団員である。例えば、基本団員のみでは人員不足が生じるような大規模災害に限り出動する「大規模災害団員」や、高齢者宅訪問等の火災予防、広報活動等のみに従事する団員などが挙げられる。

　基本団員の数が減少する中、機能別消防団員の数は年々増加しており、令和５年４月１日現在の機能別消防団員の数は、前年に比べ2,572人増加し、3万4,690人となっている（**特集4-8図**）。

特集4-8図　機能別消防団員数の推移

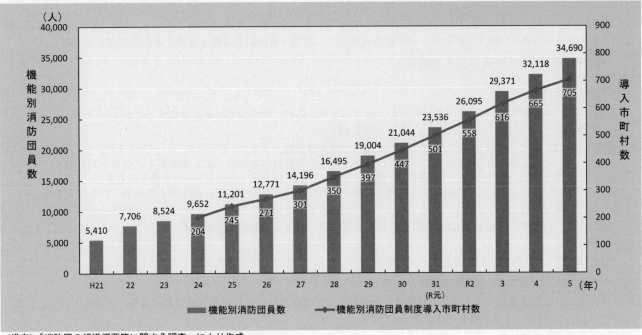

（備考）「消防団の組織概要等に関する調査」により作成

2　消防団の充実強化の取組

■（1）報酬等の処遇改善

　消防団員数が大幅に減少する中、近年、災害が激甚化・頻発化していることから、消防団員一人ひとりの役割が大きくなっていることを踏まえ、令和2年12月、「消防団員の処遇等に関する検討会」（以下、本特集において「検討会」という。）を立ち上げ、消防団員の適切な処遇の在り方や消防団員の入団促進等について検討を行った。

ア　「非常勤消防団員の報酬等の基準」の策定

　令和3年4月9日に検討会から消防団員の適切な報酬等の在り方について中間報告書が取りまとめられたことを受け（報酬等の在り方については中間報告書をもって検討会の結論とされている。）、同月13日、消防庁において「非常勤消防団員の報酬等の基準」（以下、本特集において「基準」という。）を策定し、都道府県知事等に通知した（**特集4-9図**）。基準では、消防団員への報酬は年額報酬と出動報酬の2種類とし、年額報酬は「団員」階級の者については36,500円、出動報酬は災害時1日当たり8,000円を標準額とすることや、報酬等は消防団員個人に対し、活動記録等に基づいて市町村から直接支給することなどを定め、令和4年4月1日から

の基準の適用に向け条例改正等に取り組むよう市町村に要請した。

　また、令和4年度から地方交付税措置において、各市町村が負担する消防団員の報酬等に係る財政需要を的確に反映するよう、算定方法の見直しを行った。

特集 4-9 図　消防団員の報酬等の基準

「消防団員の報酬等の基準の策定等について」のポイント（令和３年４月１３日付消防庁長官通知）

○　「消防団員の処遇等に関する検討会」中間報告を踏まえ、消防団員の処遇改善を推進するため発出するもの

① 「非常勤消防団員の報酬等の基準」の制定

【基準の内容】

１．報酬の種類

年額報酬と出動報酬の２種類とする。ただし、地域の実情に応じ、このほかの報酬を定めることを妨げない。

２．報酬の額　※以下の基準を踏まえ、市町村が条例で定める。

○年額報酬の額は、「団員」階級の者については36,500円を標準額とする。
「団員」より上位の階級にある者等については、業務の負荷や職責等を勘案して、標準額と均衡のとれた額とする。
○出動報酬の額は、災害（水火災・地震等）に関する出動については１日当たり8,000円を標準額とする。
災害以外の出動については、出動の態様や業務の負荷、活動時間等を勘案して、標準額と均衡のとれた額とする。

３．費用弁償

上記に掲げる報酬のほか、団員の出動に係る費用弁償については、必要額を措置する。

４．支給方法

報酬・費用弁償とも、団員個人に対し、活動記録等に基づいて市町村から直接支給する。

② その他（適切な予算措置、留意事項等）

○　団員個人に対し直接支給すべき経費（報酬等）と、団・分団の運営に必要な経費（維持管理費等）は適切に区別し、各市町村において適切に予算措置すべきであること。

○　①の基準は令和４年４月１日から適用するため、それまでに、各市町村において消防団と協議のうえ、十分な検討を行い、必要な条例改正及び予算措置を実施すること。

○　①の基準を定めることと合わせ、条例（例）を改正するので、各市町村の条例改正に当たり参考にされたいこと。

○　出動報酬の創設等に伴う課税関係については、国税庁と協議の上、追って消防庁から通知すること※1。

○　地方財政措置については、令和４年度から、①の基準等を踏まえて見直しを行う方向で検討することとしていること※2。

※1 令和4年3月23日付消防庁長官通知にて各都道府県知事等へ通知済。

※2 令和4年1月18日付消防庁次長通知にて算定の見直し内容を各都道府県知事等へ通知済。

特集 4-10 図　都道府県別の消防団員の処遇改善に係る対応状況

消防団員の処遇改善に係る対応状況

（令和5年4月1日時点）

都道府県	団体数	年額報酬		出動報酬		直接支給				都道府県	団体数	年額報酬		出動報酬		直接支給			
						年額報酬		出動報酬								年額報酬		出動報酬	
		36,500円以上団体数	割合	8,000円以上団体数	割合	対応団体数	割合	対応団体数	割合			36,500円以上団体数	割合	8,000円以上団体数	割合	対応団体数	割合	対応団体数	割合
北海道	179	178	99.4%	179	100.0%	179	100.0%	179	100.0%	滋賀県	19	17	89.5%	15	78.9%	18	94.7%	18	94.7%
青森県	40	40	100.0%	36	90.0%	26	65.0%	30	75.0%	京都府	26	24	92.3%	22	84.6%	23	88.5%	23	88.5%
岩手県	33	30	90.9%	29	87.9%	28	84.8%	29	87.9%	大阪府	43	41	95.3%	39	90.7%	40	93.0%	40	93.0%
宮城県	35	34	97.1%	34	97.1%	35	100.0%	35	100.0%	兵庫県	41	22	53.7%	31	75.6%	38	92.7%	34	82.9%
秋田県	25	15	60.0%	19	76.0%	22	88.0%	20	80.0%	奈良県	39	30	76.9%	14	35.9%	30	76.9%	25	64.1%
山形県	35	27	77.1%	23	65.7%	34	97.1%	32	91.4%	和歌山県	30	22	73.3%	26	86.7%	28	93.3%	27	90.0%
福島県	59	53	89.8%	54	91.5%	55	93.2%	54	91.5%	鳥取県	19	19	100.0%	17	89.5%	11	57.9%	11	57.9%
茨城県	44	28	63.6%	31	70.5%	38	86.4%	34	77.3%	島根県	19	16	84.2%	16	84.2%	16	84.2%	16	84.2%
栃木県	25	25	100.0%	24	96.0%	24	96.0%	24	96.0%	岡山県	27	16	59.3%	16	59.3%	20	74.1%	17	63.0%
群馬県	35	28	80.0%	20	57.1%	22	62.9%	16	45.7%	広島県	23	18	78.3%	20	87.0%	22	95.7%	22	95.7%
埼玉県	63	63	100.0%	57	90.5%	63	100.0%	59	93.7%	山口県	19	13	68.4%	14	73.7%	13	68.4%	12	63.2%
千葉県	54	32	59.3%	35	64.8%	41	75.9%	36	66.7%	徳島県	24	24	100.0%	20	83.3%	8	33.3%	8	33.3%
東京都	40	39	97.5%	30	75.0%	40	100.0%	39	97.5%	香川県	17	16	94.1%	17	100.0%	16	94.1%	16	94.1%
神奈川県	33	32	97.0%	32	97.0%	33	100.0%	33	100.0%	愛媛県	20	20	100.0%	20	100.0%	20	100.0%	20	100.0%
新潟県	30	26	86.7%	26	86.7%	29	96.7%	28	93.3%	高知県	34	33	97.1%	27	79.4%	25	73.5%	26	76.5%
富山県	15	15	100.0%	15	100.0%	15	100.0%	15	100.0%	福岡県	60	51	85.0%	49	81.7%	51	85.0%	51	85.0%
石川県	19	19	100.0%	19	100.0%	19	100.0%	19	100.0%	佐賀県	20	8	40.0%	12	60.0%	9	45.0%	12	60.0%
福井県	18	17	94.4%	18	100.0%	18	100.0%	18	100.0%	長崎県	21	21	100.0%	21	100.0%	15	71.4%	16	76.2%
山梨県	27	3	11.1%	8	29.6%	23	85.2%	21	77.8%	熊本県	45	43	95.6%	40	88.9%	31	68.9%	30	66.7%
長野県	77	61	79.2%	67	87.0%	65	84.4%	63	81.8%	大分県	18	11	61.1%	14	77.8%	16	88.9%	15	83.3%
岐阜県	42	41	97.6%	42	100.0%	42	100.0%	42	100.0%	宮崎県	26	24	92.3%	23	88.5%	14	53.8%	17	65.4%
静岡県	35	33	94.3%	34	97.1%	34	94.3%	33	94.3%	鹿児島県	43	43	100.0%	41	95.3%	41	95.3%	42	97.7%
愛知県	54	52	96.3%	46	85.2%	50	92.6%	50	92.6%	沖縄県	41	33	80.5%	28	68.3%	41	100.0%	41	100.0%
三重県	29	23	79.3%	28	96.6%	26	89.7%	25	86.2%	**全国計**	**1,720**	**1,479**	**86.0%**	**1,448**	**84.2%**	**1,506**	**87.6%**	**1,473**	**85.6%**
										（参考）R4	1,720	1,188	69.1%	1,113	64.7%	1,274	74.1%	1,229	71.5%
										（参考）R3	1,720	1,173	68.2%	1,070	62.2%	901	52.4%		

※R3の直接支給は、年額報酬・出動報酬を合わせた数字

イ　消防団員の処遇改善に係る各市町村の対応状況

　令和5年4月1日現在の年額報酬額、災害に関する出動報酬額及び報酬等の団員個人への直接支給の状況について、基準を満たす市町村の割合はいずれも前年より増加し、年額報酬については基準を満たす市町村が86.0%となった（**特集4-10図**）。一方、未だ基準を満たしていない市町村もあることから、今後も、様々な機会を捉えて、年額報酬額や災害に関する出動報酬額、団員個人への報酬等の直接支給について、基準に沿った対応が行われるよう、各地方公共団体に対し働き掛けを行っていくこととしている。

■（2）消防団に対する理解の促進

　地域の安全・安心に欠くことのできない消防団活動について広く認識・評価されることが、消防団員の処遇改善や、今後の団員確保につながるものと考えられることから、消防庁では以下のような消防団への入団促進策や消防団活動の発信・表彰等の取組を実施している。

ア　消防団入団促進広報の全国展開

　消防団への入団促進広報を一層充実させるため、令和4年度までは1月から3月に集中して行っていた広報を、令和5年度は通年化して実施している。特に、入団者数の減少が著しい若者に向けた広報を推進するため、女性や若者からの知名度が高い著名人[1]を「消防団入団促進サポーター」に任命し、制作した消防団員募集ポスターやPR動画などを全国の都道府県、市町村、消防本部等に配布・周知するほか、若者が触れる機会の多いSNSを活用した情報発信を行っている。

　また、夏休みなどの長期休暇期間に、全国のショッピングモールにおいて、若者や家族連れをターゲットにした入団促進イベントを実施している。

　さらに、令和5年6月には、テレビドラマ「ハヤブサ消防団」とタイアップした消防団員募集ポスターを作成し、全国の都道府県、市町村、消防本部等に配布するなど、様々なメディアを活用した幅広い住民への広報を行っている（詳細はトピックス4を参照）。

消防団員募集ポスター

イ　消防団活動のPR

　消防庁ホームページにおいて、消防団の特設コーナーを設置し、消防庁における最新施策や最新情報のほか、各消防団における取組事例等を掲載し、消防団活動や入団促進のPRに努めている。

（参照 URL：https://www.fdma.go.jp/relocation/syobodan/）

　また、地域住民に消防団をより身近なものとして知ってもらうため、平成29年度から毎年度、各都道府県及び市町村から消防団に関する動画作品を募集し、優秀な作品を表彰する「消防団 PR ムービーコンテスト」を実施している。

ウ　消防団等充実強化アドバイザーの派遣

　平成19年4月から、消防団の充実強化等に関する豊富な知識や経験を有する「消防団等充実強化アドバイザー」を地方公共団体等に派遣し、消防団への入団促進をはじめ、消防団の充実強化を図るための具体的な助言や情報提供を行っている。

　令和5年4月1日現在、27人のアドバイザー（うち女性10人）が全国で活躍している。

---

*1　今田耕司、森迫永依、銀シャリ、見取り図、ゆりやんレトリィバァ（敬称略）

特集4-11図　消防団協力事業所表示制度

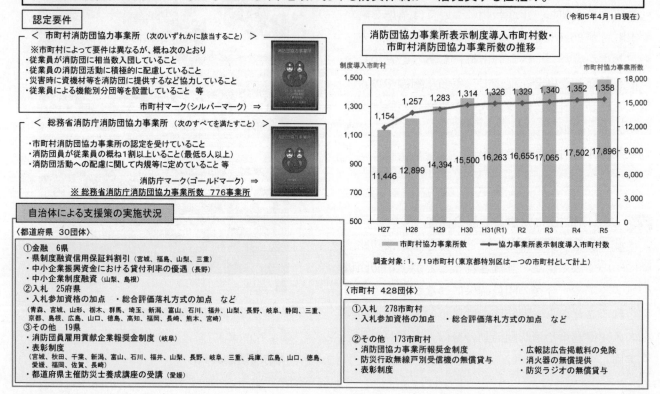

消防団協力事業所表示制度

事業所として消防団活動に協力することが、その地域に対する社会貢献及び社会責任として認められ、当該事業所の信頼性の向上につながることにより、地域における防災体制が一層充実する仕組み。

（令和5年4月1日現在）

認定要件

< 市町村消防団協力事業所 （次のいずれかに該当すること） >
※市町村によって要件は異なるが、概ね次のとおり
・従業員が消防団に相当数入団していること
・従業員の消防団活動に積極的に配慮していること
・災害時に資機材等を消防団に提供するなど協力していること
・従業員による機能別分団等を設置していること 等

市町村マーク（シルバーマーク）⇒

< 総務省消防庁消防団協力事業所 （次のすべてを満たすこと） >
・市町村消防団協力事業所の認定を受けていること
・消防団員が従業員の概ね1割以上いること（最低5人以上）
・消防団活動への配慮に関して内規等に定めていること 等

消防庁マーク（ゴールドマーク）⇒
※ 総務省消防庁消防団協力事業所数　776事業所

自治体による支援策の実施状況

〈都道府県　30団体〉
①金融　6県
・県制度融資信用保証料割引（宮城、福島、山梨、三重）
・中小企業振興資金における貸付利率の優遇（長野）
・中小企業制度融資（山梨、島根）
②入札　25府県
・入札参加資格の加点　・総合評価落札方式の加点　など
（青森、宮城、山形、栃木、群馬、埼玉、新潟、富山、石川、福井、山梨、長野、岐阜、静岡、三重、京都、島根、広島、山口、徳島、高知、福岡、長崎、熊本、宮崎）
③その他　19県
・消防団員雇用貢献企業報奨金制度（岐阜）
・表彰制度
（宮城、秋田、千葉、新潟、富山、石川、福井、山梨、長野、岐阜、三重、兵庫、広島、山口、徳島、愛媛、福岡、佐賀、長崎）
・都道府県主催防災士養成講座の受講（愛媛）

〈市町村　428団体〉
①入札　278市町村
・入札参加資格の加点　・総合評価落札方式の加点　など
②その他　173市町村
・消防団協力事業所報奨金制度　　　　・広報誌広告掲載料の免除
・防災行政無線戸別受信機の無償貸与　・消火器の無償提供
・表彰制度　　　　　　　　　　　　　・防災ラジオの無償貸与

消防団協力事業所表示制度導入市町村数・市町村消防団協力事業所数の推移

制度導入市町村 / 市町村協力事業所数

H27: 1,154 / 11,446
H28: 1,257 / 12,899
H29: 1,283 / 14,394
H30: 1,314 / 15,500
H31(R1): 1,326 / 16,263
R2: 1,329 / 16,655
R3: 1,340 / 17,065
R4: 1,352 / 17,502
R5: 1,358 / 17,896

■ 市町村協力事業所数　　── 協力事業所表示制度導入市町村数

調査対象：1,719市町村（東京都特別区は一つの市町村として計上）

エ　地域防災力充実強化大会の開催

消防団等充実強化法の成立等を踏まえ、地域防災力の充実強化を図るため、平成27年度以降「地域防災力充実強化大会」を開催している。

オ　総務大臣による感謝状の贈呈

消防団員の確保等に積極的に取り組む消防団に対し、平成25年度より、総務大臣から感謝状を贈呈している。令和4年度は、前年度に比べて全消防団員数、女性若しくは学生消防団員数又は機能別消防団員数が相当数増加した38の消防団に対し、総務大臣から感謝状を贈呈した。

カ　消防庁長官による表彰

自然災害や大規模事故等の現場において、顕著な活動実績が認められる消防団等に対し、防災功労者消防庁長官表彰を行っており、令和4年度には6団体が受賞した。

また、平常時の活動により地域防災力の向上に寄与し、全国の模範となる消防団や、団員確保について特に力を入れている消防団、更には、消防団員である従業員を雇用しているなど、消防団活動に特に深い理解や協力を示している事業所等に対し、消防団等地域活動表彰を行っており、令和4年度には、消防団表彰を8団体、事業所表彰を14事業所が受賞した。

■ （3）幅広い住民の入団促進
ア　社会環境の変化等に対応した制度等の導入

多様な住民が消防団に参画するためには、基本団員の充実を前提としながらも各団員の得意分野を活かせる機能別消防団員や機能別分団の創設が有効である。また、定年制度の見直しや、居住者だけでなく通勤・通学者も加入対象とするなど、幅広い層の人材が入団できる環境の整備を図ることが必要である。

令和4年12月23日には、消防庁長官から各都道府県知事等に通知（以下、本特集において「令和4年度消防庁長官通知」という。）を発出し、機能別消防団員・機能別分団の導入について積極的に検討するよう働き掛けている。

イ　被用者の入団促進

被用者である消防団員の割合の増加に伴い、消防

団員を雇用する事業所の消防団活動への理解と協力を得ることが不可欠となっている。そのため、平成18年度から、「消防団協力事業所表示制度」の普及及び地方公共団体による事業所への支援策の導入促進を図っている（**特集 4-11 図**）。令和5年4月1日現在、当該制度を導入している市町村の数は1,358、市町村消防団協力事業所の数は1万7,896となっている。令和4年度消防庁長官通知では、未導入の市町村においては、本制度の活用により、企業等の消防団活動への理解を促し、被用者の消防団への入団促進につなげるよう周知している。

市町村消防団協力事業所のうち、特に顕著な実績が認められる事業所を総務省消防庁消防団協力事業所として認定しており、令和5年4月1日現在、認定事業所数は776となっている。なお、消防庁認定に当たっては、複数の事業所を持つ企業等は、企業等全体での認定も可能である。

また、令和4年9月16日に消防庁長官通知を発出し、日本郵便株式会社に対し、同社社員の消防団入団促進への協力を依頼している。

さらに、令和4年10月に総務省に発足した「郵便局を活用した地方活性化方策検討プロジェクトチーム」における検討を踏まえ、消防団等が郵便局と連携して行う入団促進や防災に関する取組について、優良事例を消防庁ホームページに掲載し、周知している。

ウ　女性の入団促進

（ア）消防団への入団促進

女性消防団員の割合は年々増加しているが、未だその数は少数にとどまっている。一方、消防団活動が多様化する中で、災害時の後方支援活動、避難所の運営支援等をはじめ、住宅用火災警報器の設置促進、火災予防の普及啓発、住民に対する防災教育・応急手当指導等、広範囲にわたる女性消防団員の活躍が期待されており、今後更に女性の入団促進に取り組む必要がある。

令和4年度消防庁長官通知において、女性消防団員数の増加に向けた取組の継続を働き掛けている。

（イ）女性消防団員の活躍の促進

消防庁ホームページ内に女性の消防団への入団促進を図るためのポータルサイトを開設し、女性消防団員の活躍の様子や活動事例等を掲載している。

また、女性消防団員の活動をより一層、活性化させることを目的として、「全国女性消防団員活性化大会」を毎年度開催している。全国の女性消防団員が一堂に会し、日頃の活動成果を紹介するとともに、意見交換を通じて連携を深めている。

令和5年度は、第28回大会を11月16日に石川県金沢市において開催した。

特集 4-12 図　学生消防団活動認証制度

学生消防団活動認証制度

　真摯かつ継続的に消防団活動に取り組み、顕著な実績を収め、地域社会へ多大なる貢献をした大学生、大学院生又は専門学校生等について、市町村がその実績を認証し、就職活動を支援することを目的とする。

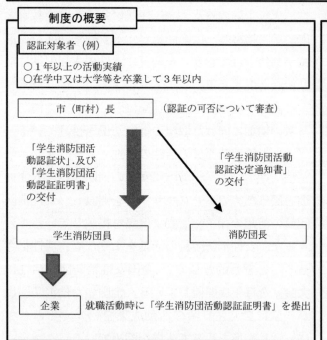

制度の概要

認証対象者（例）
○1年以上の活動実績
○在学中又は大学等を卒業して3年以内

市（町村）長　（認証の可否について審査）

「学生消防団活動認証状」及び「学生消防団活動認証証明書」の交付

「学生消防団活動認証決定通知書」の交付

学生消防団員

消防団長

企業　就職活動時に「学生消防団活動認証証明書」を提出

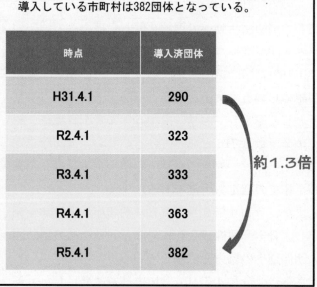

制度の導入状況

○令和5年4月1日時点で、学生消防団活動認証制度を導入している市町村は382団体となっている。

時点	導入済団体
H31.4.1	290
R2.4.1	323
R3.4.1	333
R4.4.1	363
R5.4.1	382

約1.3倍

エ　学生の入団促進

　学生は、現在又は将来の消防団活動の担い手として期待されることから、積極的な入団促進に取り組む必要がある。

　消防団に所属する大学生、大学院生、専門学校生等に対する就職活動支援の一環として、平成26年11月から「学生消防団活動認証制度」の普及を図っている。この制度は、真摯かつ継続的に消防団活動に取り組み、顕著な実績を収め、地域社会に多大な貢献をした学生消防団員に対し、市町村がその実績を認証するものである。

　令和5年4月1日現在、当該制度を導入している市町村の数は382となっている（**特集4-12図**）。令和4年度消防庁長官通知においても、大学等を訪問し、学生消防団活動認証制度の活用を働き掛けることなどにより大学生等の消防団への積極的な入団を促進するように各市町村に対して呼び掛けており、今後も引き続き導入に向けた働き掛けを行っていく。

オ　将来の担い手育成

　災害が激甚化・頻発化する中、自らの安全を守る能力を幼い頃から継続的に育成していく防災教育について、その充実に取り組むことが重要である。防災教育に、地域防災力の中核を担う消防団員等が積極的に携わっていくことは、消防団の活動に対する理解、ひいては地域防災力の向上にもつながるものである。

　このため、消防庁では、文部科学省と連携し、「児童生徒等に対する防災教育の実施について」（令和3年12月1日付け通知）を発出し、小学校、中学校、高等学校及び特別支援学校において消防団員等が参画し、体験的・実践的な防災教育の推進に取り組むよう要請した。

　また、高校生は、未来の消防団を担う層として、学業との両立に留意しつつ、早い段階で、消防団への入団に向けた意識啓発を行うことが重要であることから、令和4年度消防庁長官通知において、各地方公共団体に対し、高校生の機能別分団への入団の検討等について要請している。

カ　新たな社会環境に対応する団運営

　災害の激甚化・頻発化等を踏まえ、消防団に求められる役割が多様化していることや、共働き世帯が年々増加していること、全団員に占める被用者の割合が増加していることなど、消防団を取り巻く社会環境が変化する中で、消防団の運営に当たり、消防団内部での幅広い意見交換や、市町村・地域住民との連携がより重要となっている。消防庁では、社会環境の変化に対応した消防団運営の普及・促進に向け、令和4年度から「消防団の力向上モデル事業」を実施している。「消防団 DX の推進」「免許取得環境の整備」「災害現場で役立つ訓練の普及」「企業・大学等と連携した消防団加入促進」「子供連れでも活動できる消防団の環境づくり」といった様々な分野における地方公共団体の取組をモデル事業として支援しており、令和5年度は 104 件を採択している。なお、本事業を活用して実施された各地方公共団体の取組は、横展開を図るため、消防庁ホームページにおいて紹介を行っている。

（4）平時の消防団活動の在り方
ア　地域の実態に即した災害現場で役立つ訓練
　近年頻発する豪雨災害などにおいては、消防団員が住民の避難誘導・支援や、逃げ遅れた住民の救命ボートによる救助を実施するなど、消防団が果たす役割は多様化している。こうした活動を安全に実施するためにも、風水害や地震、豪雪等、火災以外の災害に対応する訓練の重要性がますます高まっている。

　消防庁では、救助用資機材等の整備に対する国庫補助や、救助用資機材等を搭載した多機能消防車の無償貸付け事業（詳細は（5）及び特集1を参照）を行い、消防団の訓練等を支援している。

　一方で、様々な訓練を実施することが消防団員にとって過大な負担となるおそれがあることから、団員に過重な負担がかからないよう真に必要な訓練を効率的なスケジュールで実施するなど、地域の実情に応じて創意工夫を図ることが必要である。

イ　操法訓練・操法大会
　消火活動の技術力の高さを競い、ひいては消防団全体の技術の向上を図るため、全国（（ア）と（イ）を隔年で開催）、都道府県、市町村など、それぞれの段階で操法大会が運営されている。操法大会については、近年、大会を過度に意識した訓練の実施や、大会での行動の形式化といった指摘があることにも配意しつつ、適切な大会運営に努める必要がある。

　全国消防操法大会については、主催者の一つである公益財団法人　日本消防協会が中心となって、見直しの検討を行うこととし、令和3年度には、消防庁も参画した公益財団法人　日本消防協会の「全国消防操法大会の操法実技に関する検討会」が3回に分けて実施された。検討の結果、出場選手が行っている操法実技に関して、現場活動の際に必要な要員の確認等とは異なる、いわゆるパフォーマンス的、セレモニー的な動作等を改めるため、全国消防操法大会における操法実施要領や審査要領等について一部見直しが行われた（令和4年10月29日開催の第29回全国消防操法大会から適用実施。）。

（ア）全国消防操法大会の開催
　消防団員の消防技術の向上と士気の高揚を図るため、「全国消防操法大会」を開催している。令和4年度は 10 月 29 日に、千葉県市原市において第 29 回大会を開催した。

（イ）全国女性消防操法大会の開催
　女性消防団員等の消防技術の向上と士気の高揚を図るため、「全国女性消防操法大会」を開催しており、令和5年度は10月21日に、東京都江東区において第25回大会を開催した。

（5）装備等の充実
ア　消防団の装備の充実強化
　消防団等充実強化法の成立を契機として、消防庁では、消防団の装備等の充実強化に向け、平成 26 年の「消防団の装備の基準」（昭和 63 年消防庁告示）の改正のほか、以下の取組を行っている。

（ア）消防団の救助用資機材等の整備に対する国庫補助
　「防災・減災、国土強靱化のための3か年緊急対策」に引き続き、令和2年12月11日に閣議決定された「防災・減災、国土強靱化のための5か年加速化対策」（以下、本特集において「5か年加速化対策」という。）として、消防団の災害対応能力の向上を図るため、国庫補助金（消防団設備整備費補助金（消防団救助能力向上資機材緊急整備事業））を創設し、令和5年度から新たに、補助対象資機材に水中ドローン及び高視認性防寒衣を追加している

特集 4-13 図　消防団員の準中型自動車免許取得に係る公費負担制度を設けている市町村数の推移

(各年4月1日時点)

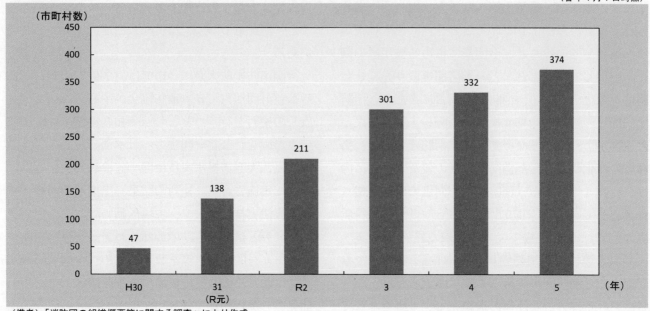

（備考）「消防団の組織概要等に関する調査」により作成

（詳細は特集1を参照）。本補助金の積極的な活用を通じ、消防団の装備の充実及び災害対応能力の向上を図っている。

（イ）救助用資機材等を搭載した多機能消防車の無償貸付

同じく5か年加速化対策として、市町村に対し、救助用資機材等を搭載した多機能消防車両を無償で貸し付け、訓練等を支援している（詳細は特集1を参照）。

（ウ）消防団へのドローン講習の実施

近年、災害が激甚化・頻発化している中、消防団の災害対応能力の向上、特に早期の情報収集能力の向上が求められており、ドローンの活用が急務となっている。そこで、令和5年度から「消防団災害対応高度化推進事業」として、消防学校に講師を派遣し、消防団員に対するドローンの操縦講習及びドローンから伝達された映像情報を基にした災害対応講習を実施し、消防団の災害対応能力の高度化を図る取組を行っている（詳細は特集5を参照）。

（エ）消防団拠点施設及び地域防災拠点施設の整備

各市町村が消防団拠点施設や地域防災拠点施設において標準的に備えることを要する施設・機能（研修室、資機材の収納スペース、男女別の更衣室・トイレ等）について、緊急防災・減災事業債をはじめとする地方財政措置等の活用により整備を促進している。

イ　準中型自動車免許の新設に伴う対応

道路交通法の改正により、平成29年3月12日から、準中型自動車免許が新設されるとともに、同日以後に取得した普通自動車免許で運転できる普通自動車の範囲は車両総重量3.5トン未満等とされた。これに伴い、車両総重量3.5トン以上の消防自動車を所有している消防団において、当該自動車を運転する消防団員の確保が課題となる。

そこで、消防庁では、平成30年1月25日、各地方公共団体に対し、消防団員の準中型自動車免許の取得に係る公費助成制度の新設及び改正道路交通法施行後の普通自動車免許で運転できる消防自動車の活用を依頼した。当該公費助成を行った市町村（**特集 4-13 図**）に対しては、平成30年度から地方交付税措置を講じている。

さらに、「消防団の力向上モデル事業」（詳細は（3）カを参照）により、地方公共団体が実施する準中型免許等の取得環境を整備する取組を支援している。

ウ　消防団員のマイカー共済等

令和元年東日本台風（台風第19号）による災害出動などに伴い、消防団員が使用した自家用自動車が水没する被害が生じた。

このような急を要する活動のために、消防団員がやむを得ず、自家用自動車等を使用した場合において、原則、消防団員に個人的負担を生じさせることなく、安心して活動に従事してもらうことが必要で

あることから、消防団活動を下支えする取組とし
て、令和2年4月1日から、公用車の損害共済事業
を実施する法人が、消防団員が災害活動等で使用し
た自家用自動車等に生じた損害を補償する共済を開
始した。あわせて、市町村が当該法人に支払う分担
金に対しては、令和2年度から地方交付税措置を講
じている。さらに、一部の民間損害保険会社におい
て、同様の保険商品が販売されており、市町村が支
払う保険料についても、令和3年度から地方交付税
措置を講じている。

消防防災分野におけるＤＸの推進

1　デジタル社会の実現に向けた政府の動き

　政府は、令和2年12月25日に閣議決定した「デジタル社会の実現に向けた改革の基本方針」において、デジタル社会の目指すビジョンとして、「デジタルの活用により、一人ひとりのニーズに合ったサービスを選ぶことができ、多様な幸せが実現できる社会」を掲げ、このような社会を目指すことにより、「誰一人取り残さない、人に優しいデジタル化」を進めることにつながるとしており、令和5年6月9日に閣議決定した「デジタル社会の実現に向けた重点計画」（以下、本特集において「重点計画」という。）においても、同様の考え方が示されている。

　また、令和4年6月7日には、地方からデジタルの実装を進め、新たな変革の波を起こし、地方と都市の差を縮めていくことで、世界とつながる「デジタル田園都市国家構想」の実現に向け、「デジタル田園都市国家構想基本方針」が閣議決定されている。同基本方針においては、デジタルは地方の社会課題（人口減少、過疎化、産業空洞化等）を解決するための鍵であり、新しい付加価値を生み出す源泉であるとし、デジタルインフラを急速に整備し、官民双方で地方におけるデジタル・トランスフォーメーション（以下、本特集において「DX」という。）を積極的に推進することとしている。

　消防防災分野についても、令和5年6月16日に閣議決定した「経済財政運営と改革の基本方針2023」（以下、本特集において「骨太の方針2023」という。）において、「消防防災分野のDX（中略）の推進による「デジタル等新技術の活用による国土強靭化施策の高度化」が掲げられているほか、「重点計画」や「統合イノベーション戦略2023」（令和5年6月9日閣議決定）、「国土形成計画（全国計画）」（令和5年7月28日閣議決定）、「国土強靭化基本計画」（令和5年7月28日閣議決定）においても、DXの推進による緊急消防援助隊の指揮支援体制の強化などの施策が位置付けられるなど、消防庁としても政府の一員として積極的なDXの推進が求められている。

2　消防防災分野におけるＤＸ

　消防庁では、緊急消防援助隊のより迅速・的確な活動、常備消防や消防団のより効果的な活動を実現するため、DXを推進している。また、消防防災分野における国民の利便性向上、事業者の業務効率化に資するDX施策も進めている。

　以下、消防防災分野におけるDXの代表的な施策について、概要を説明する。

（1）マイナンバーカードを活用した救急業務の迅速化・円滑化

ア　背景

　近年、情報通信技術（ICT）等のデジタル技術を積極的に取り入れ、救急業務を取り巻く諸課題に対応することが求められている。そのような中で、医療機関及び薬局では、令和3年10月からマイナンバーカードを健康保険証として利用できる「オンライン資格確認」を導入することで、患者の医療情報を有効に活用し、安全・安心でより良い医療を提供していくための取組が進められている。

　また、骨太の方針2023では、デジタル社会のパスポートとしてのマイナンバーカードについて、政府が一丸となって制度の安全と信頼の確保に努めるとともに、ほぼ全国民に行きわたりつつある状況を踏まえ、今後は官民様々な領域での利活用シーンの拡大など、マイナンバーカードの利便性・機能向上、円滑に取得できる環境整備に取り組むこととされている。

　こうした状況を踏まえ、救急現場において、救急隊が搬送先医療機関の選定等を行う際に、傷病者のマイナンバーカードを活用して過去の受診歴や服薬状況などの搬送先医療機関の選定に必要な医療情報

特集5-1図　事業イメージ図

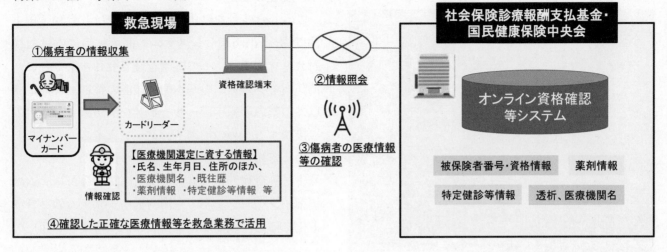

を取得し、救急業務の迅速化や円滑化を図るための事業の検討を令和4年度から開始している。

イ　現在の取組

　令和5年度は、消防庁において本事業の全国展開に向けた調査・研究を行い、救急隊にとって最適な仕組みとなるよう、必要なシステム要件の整理を進めている。また、令和4年度に引き続き「令和5年度救急業務のあり方に関する検討会」と、その下に設置されるワーキンググループにおいて、マイナンバーカードを活用した救急業務の全国展開について、有識者や消防機関の意見を伺いながら救急業務にふさわしいシステム導入方式やその運用方針等について検討している（特集5-1図）。

ウ　期待される効果

　令和4年度の実証実験の結果では、特に高齢者、聴覚等の障がいのある人など情報提供に困難を伴う傷病者への対応において、傷病者の負担軽減、正確な情報の取得、傷病者の病態把握などの観点から、一定の効果を確認することができた。このことから、実証実験の仕組みを全救急隊に導入する体制を整備することは、情報提供に困難を伴う傷病者等をより円滑に医療機関へ搬送するために、傷病者、救急隊及び医療機関それぞれにとっても有用性が高いと考えられる。

　一方で、実証実験において、マイナンバーカードを活用して情報を確認した事案における平均の現場滞在時間が、通常の救急活動における現場滞在時間に比べて延伸したことは今後の課題であり、運用方法の改善等により、現場滞在時間の短縮を図ることが求められる。また、意識障害を呈する傷病者の場

合など、救急隊が傷病者の医療情報等の閲覧について、同意を取得することが困難であることから、同意不要となる場合について検討が必要である。

エ　今後の取組方針

　重点計画等では、令和4年度の実証実験結果を踏まえ、令和6年度末までを目途に全国展開を目指すこととしており、今後、幅広い消防本部の参画を得て実証を行い、実際の救急現場で効果的に活用することができるシステム構築を目指すこととしている。

■ （2）AIを活用した救急隊運用最適化
ア　背景

　令和4年中の救急自動車による現場到着所要時間は全国平均で約10.3分、病院収容所要時間は全国平均で約47.2分となり、救急出動件数の増加とともに救急活動時間は延伸傾向にある。消防庁としてこれまで様々な取組を行ってきたが、新しい取組としてAIを活用した救急隊の効率的な運用手法の研究開発を行っている（特集5-2図）。

イ　現在の取組

　令和4年度、さいたま市消防局においてシミュレーションを行った結果、管内全体の平均現場到着所要時間が短縮されることを確認した。

　令和5年度は、引き続きさいたま市消防局において、実際に救急隊を移動配置することで運用上の課題等を整理するための実証実験を行っている。

特集 5-2 図　救急隊運用最適化の例

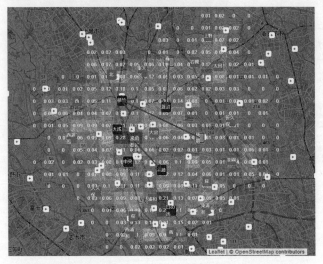

ウ　期待される効果

　救急需要を予測して救急隊の最適配置を図ることにより、現場到着所要時間の短縮が期待される。

エ　今後の取組方針

　今後は異なる消防本部を対象としたシミュレーションを行うこととしている。

■（3）消防指令システムのインターフェイスの
　　　標準化・消防業務システムのクラウド化

ア　背景

　多くの消防本部では、119 番通報の入電から消防署所への出動指令までの一連の消防指令業務を支援する「消防指令システム」と、警防や予防、水利、要援護者情報といった様々なデータの管理や消防本部の業務に必要な各種機能を一括して提供する「消防業務システム」が整備されており、これらのシステムにより消防職員の活動が支えられている。

　従来、各々の消防本部では、パッケージ製品をベースとしつつも、必要に応じて機能が追加された独自のシステムを整備・運用しているため、調達・維持コストがベンダーロックイン*1により高止まりしているほか、外部システムやサービスとの接続等が困難などの課題がある。

　令和6年度から令和8年度にかけて迎えるシステム更新のピークを機に、前述の課題や近年の ICT 環境の変化に対応する必要がある。

イ　現在の取組

　こうした背景を踏まえ、消防庁では、令和3年1月以降、「消防指令システムの高度化等に向けた検討会」を開催し、その議論を経て令和4年7月に、消防指令システムの基本的な機能の整理、音声電話以外の緊急通報手段・サービスを消防指令システムに接続するための標準インターフェイスの要件などについての中間とりまとめを行った。

　また、令和5年 10 月には、消防指令システムの標準インターフェイスや消防業務システムのクラウド化に係る仕様案などを作成した（特集 5-3 図）。

ウ　期待される効果

　119 番通報について、音声のみならず画像、動画、データ等の活用が可能となるほか、消防指令システム及び消防業務システムの整備や維持管理におけるベンダーロックインの解消により調達時の競争性向上やコストの低減が図られ、さらに、他の消防本部から通報が転送されたときの位置情報の共有や外部システム・サービスとの接続が容易になるといった効果が期待される。

エ　今後の取組方針

　令和5年度は両システムとも、より詳細な技術面等の検討を進め、令和6年3月に消防指令システムの標準仕様書を策定するとともに、令和6年 10 月に消防業務システムの標準仕様書の策定ができるよう準備を進める。また、策定した標準仕様書を全国の消防本部に普及・啓発していくこととしている。

■（4）災害時の映像情報共有手段の充実

ア　背景

　消防庁へ共有される災害現場の映像情報は、現状、映像伝送装置を持った緊急消防援助隊が撮影した災害現場の映像、都道府県の消防防災ヘリコプターによる上空からの映像、高所監視カメラ映像などとなっている。消防庁と地方公共団体との間における災害時の映像情報共有手段の充実を図るべく、災害現場に最も早く駆けつける消防職団員が撮影した映像などといった災害現場の情報を関係機関と迅速に共有できる手段の構築が必要となっている。

---

*1　ベンダーロックイン：ここでは、現行の事業者に依存する傾向が強く、競争入札を実施しても特定の事業者のみが受注を繰り返す状態のことをいう。

特集 5-3 図　消防指令システムのインターフェイスの標準化・消防業務システムのクラウド化のイメージ

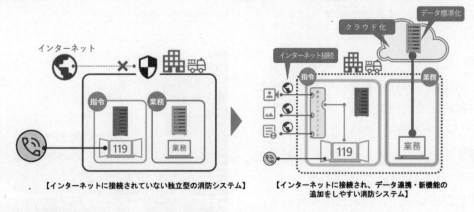

【インターネットに接続されていない独立型の消防システム】

【インターネットに接続され、データ連携・新機能の追加をしやすい消防システム】

特集 5-4 図　消防庁映像共有システムのイメージ

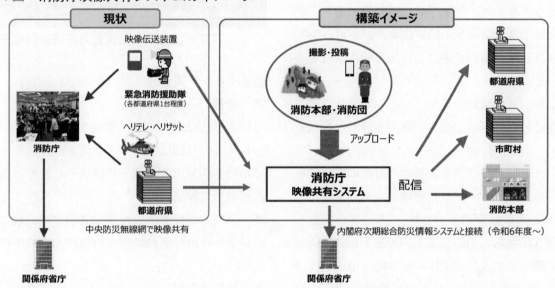

イ　現在の取組

　消防庁と地方公共団体との間で災害現場の映像情報を共有できる手段として、投稿型の機能を有した「消防庁映像共有システム」を新たに整備し、令和6年度中の運用開始に向けた準備を進めている（**特集 5-4 図**）。整備に当たっては、消防関係機関と意見交換を行いながら、最適なシステム構成や構築方法を調査するとともに、投稿・閲覧ルールなどの運用方法を検討している。また、内閣府が整備する予定の次期総合防災情報システムへの接続を念頭に技術要件等の調査検討を行っている。

ウ　期待される効果

　消防庁映像共有システムを通じて、災害現場に最も早く駆けつける消防職団員からの映像情報を、自治体や消防関係機関が早期に共有することにより、被害の概況の早期把握や、広域的な支援体制の早期確立など迅速な対応に有効である。さらに、関係府省庁への情報共有も行うことで、政府の迅速かつ的確な意思決定に寄与することも期待される。

エ　今後の取組方針

　令和5年度中に、消防庁映像共有システムの開発を進めるとともに、投稿・閲覧ルールなどの運用ルールを整備することを目指している。今後は内閣府の次期総合防災情報システムと接続し、政府全体で災害現場の映像情報を活用できるよう、内閣府と綿密に連携しながら準備を進めることとしている。

■　（5）消防団へのドローン配備・講習の実施
ア　背景

　近年、災害が激甚化・頻発化する中、消防団活動においては火災のみならず、様々な災害への対応能力の向上が不可欠であるが、消防団員数が減少傾向にある中で、消防団員一人ひとりの負担は増加しつつある。こうした中、消防庁では、消防団員の活動環境の向上、災害対応時の安全確保などを図るため、消防団DXを推進していくこととしている。

　また、消防団の地域密着性という特性を踏まえ、情報収集能力の向上が求められており、災害時等にいち早く安全に現場の状況を把握するため、消防団

におけるドローンの配備や消防団員のドローン操縦技術の習得を促進することが必要である。

イ　現在の取組

消防庁では、消防団への救助用資機材等の整備を促進するため、消防団設備整備費補助金により支援を行っているところであるが、消防団におけるドローン配備を推進するため、令和4年度から同補助金の対象にドローンを追加したところである。

また、消防団員がドローンの操縦技術を習得し、実際の消防団活動においてドローンを活用できるよう、令和5年度より、消防学校に講師を派遣し、消防団員に対するドローンの操縦講習及びドローンから伝達された映像情報を基にした災害対応講習を実施している。

このほか、社会環境の変化に対応した消防団運営の普及促進のため、地方公共団体の先進的な取組を支援する「消防団の力向上モデル事業」においても、ドローンの操縦技術を習得する取組の支援等を行っている。令和4年度は8団体が本事業を活用してドローン操縦技術習得のための講習等を実施した。令和5年度も、消防団DXの推進や免許取得等の整備に関する地方公共団体の先進的な取組を支援することで、消防団DXの更なる推進を図っている。

ウ　期待される効果

消防団活動においてドローンを活用することで、広範囲にわたる火災や土砂災害、遭難者の捜索等の際に、消防団員の安全を確保しながら、上空から被害状況等を早期に把握し、当該状況を踏まえて的確に消火・救助等の活動を行うことが可能となる。

また、ドローンの配備だけでなく、操縦技術の習得や映像情報を基にした災害対応の講習もあわせて実施することで、消防団活動を安全かつ円滑に進め、災害対応能力の向上を図ることが期待される。

エ　今後の取組方針

災害時という非常時においてドローンを安全に飛行させるためには、消防団員がドローンを正確に操縦できる技術を習得することが不可欠である。このため、引き続き、消防学校においてドローンの操縦技術習得講習を実施するとともに、「消防団の力向上モデル事業」を活用した操縦技術習得講習等のモ

デル事例を全国に横展開することで、更なる消防団DXの推進を図ることとしている。

ドローンを用いた災害対応講習の様子

（6）予防行政におけるDX

ア　背景

予防行政においては、規制改革実施計画（令和5年6月16日閣議決定）等を踏まえ、火災予防分野における各種手続の電子申請等や危険物取扱者保安講習等の各種講習のオンライン化を推進するとともに、消防用設備等の点検等の各種定期点検におけるデジタル技術の活用に向けた取組を進めている。

イ　現在の取組

各種手続の電子申請等の推進については、これまで消防庁において、市町村共通の電子申請基盤であるマイナポータル「ぴったりサービス」の活用に向けた支援を行ってきた。その結果、火災予防分野における各種手続の電子申請等を導入済みの消防本部は、令和4年6月1日時点の72本部（10.0%）から令和5年4月1日時点の348本部（48.2%）に増加している。

各種講習のオンライン化の推進については、オンラインによる危険物取扱者保安講習が令和5年6月1日時点で41都道府県において導入されているほか、防火管理講習等についても、消防庁が策定したガイドラインに沿って、一部の消防本部や登録講習機関においてオンライン化されている。また、消防設備士講習については、都道府県の意見等も踏まえ、オンライン講習を行う講習機関を新たに指定することとしている。

各種定期点検におけるデジタル技術の活用については、予防行政のあり方に関する検討会等の検討結果を踏まえ、目視等による点検がデジタル技術を活

用した方法に代替可能となるよう点検要領を見直すとともに、活用可能な技術を広く公募した。

ウ　期待される効果

電子申請等、講習のオンライン化及び定期点検におけるデジタル技術の活用のメリットとしては、窓口や講習会場等へ出向くことが不要になる等の国民や事業者の利便性向上のほか、消防本部や各講習の実施機関の事務の効率化が挙げられる。

エ　今後の取組方針

電子申請等や講習のオンライン化の推進については、国民や事業者の利便性向上のため、これらに取り組む消防本部等に対して必要な支援を継続していく。

定期点検におけるデジタル技術の活用については、活用可能な技術を継続的に公募し、実証実験等で従来の点検方法に代えることができると認められるものは、ホームページ等で周知していく。

■（7）ガソリンスタンドにおけるAIの活用等

ア　背景

危険物の規制に関する政令に定められたセルフ式ガソリンスタンドに係る技術上の基準においては、ガソリンスタンド内に設けられた制御卓等により、顧客が行う給油作業について、安全上支障がないか等を従業員が確認した上で、顧客が自ら給油を行える状態にすることとされている。従業員が行う安全確認等に、AIを活用することで、セルフ式ガソリンスタンドにおける業務の効率化を図ることが期待されている。

イ　現在の取組

消防庁では、令和3年度から「危険物施設におけるスマート保安等に係る調査検討会」を開催し、セルフ式ガソリンスタンドにおけるAI等の活用について検討を行ってきた。令和4年度の検討結果として、「顧客が行う給油作業に安全上支障がないかを従業員が判断する際の参考となる情報を提供するAIシステム（Step1.0）」（以下、本特集において「AIシステム（Step1.0）」という。）について、給油時の安全性の向上の手段としておおむね有効であるとの結論を得たところである。これを踏まえ、消防庁では、令和5年5月、セルフ式ガソリンスタン

ドへのAIシステム（Step1.0）の導入について、各都道府県等に周知している。

ウ　期待される効果

セルフ式ガソリンスタンドにおける安全性の向上及び事業の省力化・効率化を図ることが期待される。

エ　今後の取組方針

顧客が給油作業を行う場所から離れた位置において、AI等の機能を搭載した可搬式の制御機器により、顧客が行う給油作業に安全上支障がないか等を従業員が適切に確認することが可能であるか実証実験を行うこととしている。また、「一定の条件下において、従業員に代わってAIが安全確認等を行い、顧客が自ら給油を行える状態にするシステム（Step1.5）」（以下、本特集において「AIシステム（Step1.5）」という。）についても、関係業界等におけるAIシステム（Step1.5）の開発状況等を踏まえ、引き続き、社会実装に向けた検討を進めていくこととしている。

■（8）屋外貯蔵タンクの検査におけるDXの推進

ア　背景

我が国の危険物施設は高経年化が進み、腐食・劣化等を原因とする事故件数が増加するなど、近年、危険物に係る事故は高い水準で推移している。他方で、危険物施設においても安全性、効率性を高めるため新技術を導入することにより効果的な予防保全を行うことが期待されている。

イ　現在の取組

液体危険物の貯蔵、又は取り扱う数量が1,000キロリットル以上の屋外貯蔵タンク（以下、本特集において「特定屋外タンク」という。）は、設置時等において、側板が適切に溶接されているかの確認のため、放射線透過試験（放射線を対象物に透過し、内部の状況を撮影像として撮影媒体に記録する検査）を行うこととされており、従来、撮影媒体としてフィルムを用いて検査が行われてきた。

平成29年にデジタル検出器を用いた放射線透過試験（以下、本特集において「デジタル放射線透過試験」という。）に関するJIS規格化がなされ、工業分野において、適用の検討が進められていること

を踏まえ、特定屋外タンクの側板溶接部の確認においても、デジタル放射線透過試験を適用することが可能か、調査検討を行っている。

ウ　期待される効果

特定屋外タンクの維持管理について省力化及びコスト削減が図られ、事業者等の負担を軽減することが期待できる。

エ　今後の取組方針

特定屋外タンクの側板溶接部におけるデジタル放射線透過試験の適用に関して検証試験を含む調査検討を行い、運用上の注意事項等について各都道府県等に周知を行うこととしている。

近年の安全保障環境等を踏まえた国民保護施策の推進

1 我が国周辺の安全保障環境等

現在の安全保障環境の特徴として、国家間の相互依存の関係が一層拡大・深化する一方、国家間のパワーバランスの変化が加速化・複雑化し、既存の秩序をめぐる不確実性が増大している。こうした中、令和4年2月に開始されたロシアによるウクライナ侵略など、既存の秩序に対する挑戦への対応が世界的な課題となっている。

我が国周辺においては、令和4年8月、中国が台湾周辺において軍事演習を行った際、同月4日に9発の弾道ミサイルを発射し、そのうち5発が我が国の排他的経済水域（EEZ）内に着弾した事案が発生している。

また、北朝鮮は、近年、かつてない高い頻度で弾道ミサイルなどの発射を繰り返しており、核・ミサイル関連技術と運用能力の向上に注力している。こうした軍事動向は、我が国の安全保障にとって、一層重大かつ差し迫った脅威となっており、地域と国際社会の平和と安全を著しく損なうものである。

2 安全保障環境等を踏まえた国民保護施策の進展

平成16年の「武力攻撃事態等における国民の保護のための措置に関する法律」（以下、本特集において「国民保護法」という。）の施行以来、我が国において武力攻撃事態等[*1]及び緊急対処事態[*2]が認定され、法に基づく国民の保護のための措置（以下、本特集において「国民保護措置」という。）が実際に行われたことは未だ一度もない。

他方、前述のとおり我が国を取り巻く安全保障環境はその厳しさを増しており、令和4年12月には

政府として安全保障戦略三文書の改定を行うなど、諸情勢を踏まえた国民保護の取組の推進が過去に例を見ないほど急務となっている。

（1）避難実施要領のパターンの作成促進

国民保護法において、住民の避難に関して国から避難措置の指示が出され、それを受けて都道府県知事から避難の指示が発出された場合、市町村長は避難実施要領を定め、住民を誘導する必要があるが、国民保護事案発生後の短時間のうちに避難実施要領を一から策定することは困難であることから、「国民の保護に関する基本指針」（平成17年3月25日閣議決定。以下、本特集において「基本指針」という。）では、市町村は複数の避難実施要領のパターン（以下、本特集において「パターン」という。）をあらかじめ作成しておくよう努めるものとされている。

パターンを1つ以上作成済みの市町村の割合は、令和4年4月1日時点で69%（1,207団体）にとどまっていたが、都道府県を単位としたパターンの作成に関する研修会の現地開催や、全国の市町村を対象としたweb研修会の実施など市町村のパターン作成支援の取組を進めた結果、作成済みの市町村の割合は令和5年10月1日時点では97%（1,684団体）と、大きな進捗がみられた。

他方、複数のパターンを作成している市町村の割合は、令和5年4月1日時点で64%（1,119団体）にとどまっており、一層の作成促進に取り組む必要がある。そのため、消防庁では複数パターンの作成促進を目的に、「避難実施要領のパターン作成の徹底について（通知）」（令和5年5月30日付け通知）を都道府県国民保護担当部局長に対して発出し、作成に向けた取組を依頼している。

---

*1 武力攻撃事態等：武力攻撃事態及び武力攻撃予測事態のこと。武力攻撃とは、我が国に対する外部からの武力攻撃をいう。武力攻撃事態とは、武力攻撃が発生した事態又は武力攻撃が発生する明白な危険が切迫していると認められるに至った事態をいい、武力攻撃予測事態とは、武力攻撃事態には至っていないが、事態が緊迫し、武力攻撃が予測されるに至った事態をいう。

*2 緊急対処事態：武力攻撃の手段に準ずる手段を用いて多数の人を殺傷する行為が発生した事態又は当該行為が発生する明白な危険が切迫していると認められるに至った事態（後日対処基本方針において武力攻撃事態であることの認定が行われることとなる事態を含む。）で、国家として緊急に対処することが必要なものをいう。

こうした状況を踏まえ、令和5年度の研修会では、管内市町村にパターン未作成団体の多い都道府県を対象として開催することに加え、パターン内容の高度化や複数作成に向けた支援を希望する都道府県も対象としている。

特に、沖縄県では令和4年度末に、先島諸島5市町村（石垣市、宮古島市、多良間村、竹富町及び与那国町。以下、本特集において「先島市町村」という。）の住民等の県外避難について、内閣官房をはじめとする関係省庁（消防庁、国土交通省、海上保安庁、防衛省等）や、県・先島市町村・公共交通事業者（航空機・船舶）等の参加のもと、初めて武力攻撃予測事態を想定した図上訓練を実施し、避難手段や避難経路などの内容について検討が行われた。消防庁は、この訓練で得られた避難手段や避難経路等の考え方について、既に作成済みの先島市町村のパターンに反映してもらうなど、各市町村の住民避難の実効性向上に向けた取組を進めている。

加えて、沖縄県に所在する離島市町村のうち、先島市町村以外の市町村については、沖縄県国民保護計画上、沖縄本島への避難が想定されていることから、先島市町村における訓練を通じて得られた避難のノウハウを活用するなど、これらの市町村における沖縄本島への避難の実効性向上に向けた取組を県とともに検討していく。

また、昨今の国際情勢の緊迫化等に鑑み、原子力関連施設への武力攻撃への備えについても検討の必要性が高まっており、原発立地周辺市町村における取組として武力攻撃原子力災害に係るパターン作成の取組を早急に進める必要があることから、「防災基本計画（原子力災害対策編）の定めに基づき、避難に関する計画を策定することとされている市町村の避難実施要領のパターン作成に係る参考事例について」（令和5年5月8日付け事務連絡）を都道府県国民保護担当部局に対して発出し、パターン作成に当たっての考え方を示すとともに参考事例として実際の作成例を提供している。あわせて、内閣官房等関係省庁と連携の上、作成支援に係る研修会を開催し、関係市町村における取組の推進を図っている。

■（2）避難施設の指定促進

国民保護法において、都道府県知事及び指定都市の長は、住民を避難させ、又は避難住民等の救援を

行うため、公園、広場その他の公共施設や、学校、公民館、駐車場、地下街その他の公益的施設を、あらかじめ避難施設として指定しなければならないこととされている。

また、基本指針において、避難施設の指定に当たっては、ミサイル落下時の爆風等からの直接の被害を軽減するための一時的な避難に活用する観点から、コンクリート造り等の堅ろうな建築物や地下街、地下駅舎等の地下施設である緊急一時避難施設を指定するよう配慮することとされている。

政府としては、令和3年度からの5年間を緊急一時避難施設の更なる指定促進に係る集中取組期間としており、消防庁としても、関係省庁と連携して都道府県及び指定都市への働き掛け等を進めているところである。最近では我が国を取り巻く安全保障環境が厳しさを増していることを踏まえ、都道府県及び指定都市に対し、公共施設のみならず民間の事業者が管理主体である施設の指定に向けた取組の推進についても、「避難施設（地下駐車場）の指定の促進について（協力依頼）」（令和4年10月3日付け通知）などにより地下施設を中心に重点的な取組を依頼するとともに、施設を管理する事業者に対しても、国土交通省を通じ働き掛けを行うことにより、指定の円滑化を図っている。

これら避難施設については、国民保護に係る情報を分かりやすく説明することを目的として、国民保護制度に関する概要や弾道ミサイル落下時の行動等について掲載している内閣官房国民保護ポータルサイトにおいて、地図や地方公共団体ごとの一覧表により、緊急一時避難施設の場所、その施設類型（堅ろうな施設、地下施設）などを参照することが可能である。

令和5年度にあっては、地下施設等の避難施設の指定の一層の促進のため、指定に際して課題等を抱える都道府県及び指定都市に対し、指定に当たっての知見を蓄積した地方公共団体職員等を派遣してアドバイスを行う取組を新たに開始し、都道府県及び指定都市への支援に努めている。

■（3）国民保護共同訓練の充実強化

国民保護法において、国や地方公共団体は国民保護措置に関する訓練を行うよう努めることとされており、消防庁は内閣官房とともに、都道府県や市町村との共同訓練を実施してきた（**特集6-1図**）。

ア　国重点訓練

（ア）地域ブロック検討会

　国と地方公共団体の間で最新の情勢認識を共有するとともに、国民保護関連の各種課題に対する検討や意見交換を実施する。

（イ）実動及び図上訓練

　複数の都道府県が参加する大規模な訓練など、都道府県単独では実施困難かつ従来よりも高度な訓練を国の主導の下に実施し、国、都道府県、市町村及び関係機関相互の連携を強化するとともに、国民保護措置への理解の促進を図る。

イ　県主導訓練

　主に都道府県が訓練内容等を企画・立案し、消防庁や内閣官房等が支援を行い、訓練を実施している。

　また、北朝鮮から弾道ミサイル等が高い頻度で発射されていること等を踏まえ、令和4年9月から弾道ミサイルを想定した住民避難訓練を再開している。訓練では、弾道ミサイルが我が国に飛来する可能性があると判明した場合にどのような行動をとるべきかについて、住民の理解を深めるため、近くの建物の中や地下への避難を実施している。

　引き続き、全国各地の多くの地域で効果的な訓練が実施されるよう取り組んでいく。

特集 6-1 図　**国民保護訓練の分類**

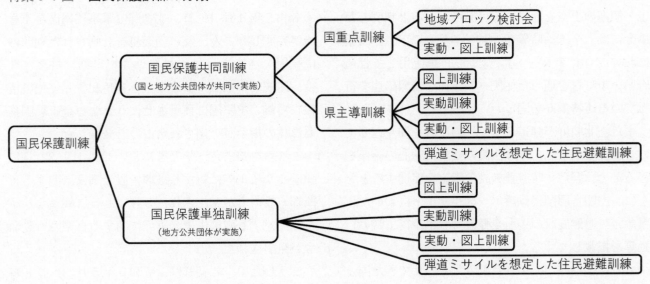

3　最近の北朝鮮によるミサイル発射の動向と発射に対する消防庁の対応

（1）全般

北朝鮮は、平成 28 年２月の「人工衛星」と称する弾道ミサイル発射以降、平成 29 年 11 月の発射事案まで、頻繁にミサイルの発射を繰り返していた。この間、平成 29 年８月 29 日及び９月 15 日には、弾道ミサイルが北海道上空を通過して太平洋に落下する事案が発生している。

平成 29 年 11 月以来、北朝鮮は弾道ミサイルを発射していなかったが、令和元年５月以降、再び弾道ミサイルなどの発射を繰り返すようになっている。

これを受け、消防庁では、弾道ミサイルが発射され、我が国の領土・領海に落下する又は我が国の領土・領海の上空を通過する可能性があると判明した場合には、全国瞬時警報システム*3（以下、本特集において「Ｊアラート」という。）を使用して都道府県・市町村を通じた住民への迅速な情報伝達を行っている（**特集 6-2 図**）。

また、北朝鮮が弾道ミサイルの発射を繰り返している状況を踏まえ、地域住民の安全・安心の確保を図るため、緊急一時避難施設の指定を促進するとともに、内閣官房国民保護ポータルサイトにおいて、緊急一時避難施設の場所や弾道ミサイル落下時の行動等を掲載している。

さらに、平成 30 年６月以降見合わせてきた国と地方公共団体が共同で実施する弾道ミサイルを想定した住民避難訓練を前述のとおり令和４年度から再開し、弾道ミサイル落下時にとるべき行動の理解促進に取り組んでいる。

（2）令和５年４月 13 日、５月 31 日、８月 24 日及び 11 月 21 日のミサイル発射事案の概要

ア　令和５年４月 13 日の事案

北朝鮮は、令和５年４月 13 日７時 22 分頃、平壌付近から１発の弾道ミサイルを東方向に発射した。

弾道ミサイルが我が国の領土・領海に落下する可能性があると判明したため、同日７時 55 分、直ちに避難することの呼び掛けに関する情報を対象地域の北海道に対してＪアラートで伝達した。

8 時 16 分、内閣官房から地方公共団体等に対して、Em-Net（エムネット）により避難の呼び掛けの解除に関する情報（北海道及びその周辺へのミサイル落下の可能性がなくなったことを確認）の配信が行われた。

その後、当該弾道ミサイルは、我が国の領域内へは落下していないことが確認され、また、排他的経済水域（EEZ）への飛来も確認されていない。

なお、避難の呼び掛けの解除については、Ｊアラートで伝達されていなかったが、本事案を受けた内閣官房における検討の結果、令和５年４月 24 日からＪアラートで伝達する情報に避難の呼び掛けを解除する旨のメッセージが追加された。

イ　令和５年５月 31 日の事案

令和５年４月 19 日、北朝鮮は軍事偵察衛星１号機が完成したこと、及び同衛星を計画された期間内に発射できるように、最終準備を早期に終え、今後、連続的に数個の偵察衛星を多角配置して偵察情報収集能力を堅固に構築させようとする金正恩国務委員長の指示が発出されたことを発表した。

これらを踏まえ、防衛省において、４月 22 日に弾道ミサイル等に対する破壊措置の準備に関する自衛隊一般命令が発出され、５月 29 日に弾道ミサイル等に対する破壊措置の実施に関する自衛隊行動命令が発出された。

こうした中、北朝鮮は、令和５年５月 31 日６時 28 分頃、東倉里（トンチャンリ）付近から１発の衛星打ち上げを目的とした弾道ミサイル技術を使用した発射を南方向に向けて行った。

弾道ミサイル技術を使用して発射された物体が我が国の領土・領海に落下する又は我が国の領土・領海の上空を通過する可能性があると判明したため、同日６時 30 分、弾道ミサイル発射情報・避難の呼び掛けに関する情報を対象地域の沖縄県に対してＪアラートで伝達した。

その後、当該物体が我が国の領土・領海に落下する又は我が国の領土・領海の上空を通過する可能性がなくなったため、７時４分、避難の呼び掛けを解除する旨の情報を対象地域に対してＪアラートで伝達した。

---

*3　全国瞬時警報システム：内閣官房から発出される弾道ミサイル攻撃など国民保護に関する情報や気象庁から発出される緊急地震速報、津波警報、気象警報などの緊急情報を、人工衛星及び地上回線を通じて送信し、市町村防災行政無線（同報系）等を自動起動することにより、人手を介さず瞬時に住民等に伝達することが可能なシステムをいう。

この発射は、北朝鮮が通報した期間内で、通報した方向に発射したものであるが、当該物体は黄海上空で消失し、宇宙空間に何らかの物体の投入はされていないものと推定されている。

ウ　令和5年8月24日の事案

北朝鮮は、令和5年8月24日3時51分頃、北朝鮮北西部沿岸地域の東倉里地区から弾道ミサイル技術を使用した発射を強行した。発射された1発は複数に分離し、1つは3時58分頃、朝鮮半島の西約300kmの黄海上の予告落下区域外に落下、もう1つは、3時59分頃、朝鮮半島の南西約350kmの東シナ海上の予告落下区域外に落下、もう1つは、4時00分頃、沖縄本島と宮古島との間の上空を通過し、4時5分頃、フィリピンの東約600kmの太平洋上、我が国EEZ外である予告落下区域外に落下したものと推定されている。

発射された物体が我が国の領土・領海に落下する又は我が国の領土・領海の上空を通過する可能性があると判明したため、同日3時54分、弾道ミサイル発射情報・避難の呼び掛けに関する情報を対象地域の沖縄県に対してJアラートで伝達した。

当該物体が沖縄本島と宮古島との間の上空を通過したと推定されたため、4時7分、弾道ミサイル通過情報・避難の呼び掛けを解除する旨の情報を対象地域に対してJアラートで伝達した。

北朝鮮は、今回の発射により衛星の打ち上げを試みたが、地球周回軌道への衛星の投入は確認されておらず、衛星打ち上げに失敗したとみている。

エ　令和5年11月21日の事案

北朝鮮は、令和5年11月21日22時43分頃、北朝鮮北西部沿岸地域の東倉里地区から衛星打ち上げを目的とする弾道ミサイル技術を使用した発射を強行した。発射された1発は複数に分離し、1つは22時50分頃、朝鮮半島の西約350kmの東シナ海上の予告落下区域外に落下、もう1つは、22時55分頃、沖縄本島と宮古島との間の上空を通過し、22時57分頃、沖ノ鳥島の南西約1,200kmの太平洋上、我が国EEZ外である予告落下区域内に落下したものと推定されている（令和5年11月22日現在）。

発射された物体が我が国の領土・領海に落下する又は我が国の領土・領海の上空を通過する可能性があると判明したため、同日22時46分、弾道ミサイル発射情報・避難の呼び掛けに関する情報を対象地域の沖縄県[*4]に対してJアラートで伝達した。

当該物体が沖縄本島と宮古島との間の上空を通過したと推定されたため、23時15分、弾道ミサイル通過情報・避難の呼び掛けを解除する旨の情報を対象地域に対してJアラートで伝達した。

この発射について、分析が進められた結果、北朝鮮が発射した何らかの物体が地球を周回していることが確認された。当該物体の詳細については、引き続き慎重な分析が必要とされている（令和5年11月24日現在）。

■（3）国民保護情報の住民への伝達

令和5年4月13日、5月31日、8月24日及び11月21日の事案のいずれにおいても、対象地域の全市町村にJアラートによる情報伝達を行い、緊急速報メールを含むいずれかの情報伝達手段により住民への伝達が行われた。

ただし、一部の市町村において、市町村の整備した情報伝達手段による住民への伝達に支障があった事案については、早急な復旧を行うよう消防庁から働き掛けている。

■（4）消防庁の対応

ア　発射通報を受けた場合における関係機関との連携

（ア）地方公共団体における体制の確保

令和5年5月31日、8月24日及び11月21日の事案の際には、北朝鮮から国際機関や我が国等に対し、衛星を打ち上げることについての通報がなされている。これらを受け、消防庁は内閣官房と連携の上、地方公共団体及び消防機関における住民に対する情報伝達体制の確保やJアラートによる情報伝達の際の対応等に係る通知を発出するとともに、令和5年5月31日及び8月24日の事案においては、関係省庁との共催による地方公共団体向けの説明会の実施を通じて、地方公共団体の危機管理体制の確保に万全を期した。

[*4]　対象地域の沖縄県：弾道ミサイル発射情報の送信の迅速化を図るため、令和5年9月1日から、防衛省から伝達されるミサイル関連情報から導き出される予測飛翔範囲の下にある都道府県だけではなく、その隣接都道府県にもあらかじめ送信を行う運用が開始されたが、本事案は北朝鮮による事前の通報を踏まえ、沖縄県のみにJアラートが送信された。

（イ）情報伝達試験の実施

令和5年5月31日の事案においては、上記の説明会の実施のほか、国民保護に関する情報の伝達に万全を期すため、機器の点検等を目的とした情報伝達試験を4月26日に沖縄県内の全ての市町村を対象に実施した。

試験の結果、一部の市町村の情報伝達に支障があったため、消防庁から試験当日のうちに改善結果を報告するよう依頼するとともに、支障が改善されたことを確認している。

イ　弾道ミサイル発射事案への対応

令和5年4月13日、5月31日、8月24日及び11月21日の事案のいずれにおいても、消防庁は、Jアラートによる情報伝達とあわせて、消防庁長官を長とする消防庁緊急事態調整本部から全国の地方公共団体に対して情報提供を行うとともに、対象地域に対して適切な対応及び被害報告について要請を行っている。

なお、落下物情報や被害状況等を確認した結果、対象地域の全ての地方公共団体から、被害なしとの報告を受けている。

ウ　情報伝達の確実性向上に向けた取組

Jアラートによる情報伝達の支障が発生する原因としては、受信機の動作ルールの設定等のミスや防災行政無線等[5]の故障など、人為的要因と機械的要因によるものが主となっており、全国的な共通性や類似性が見受けられる（**特集6-3図**）。

さらに、その背景や対応についても共通性がみられ、他部門との連携強化、委託先事業者への機器点検や設定確認の要請、機器の基本的な操作方法の習熟が求められる（**特集6-4図**）。

これらのことから、Jアラート関連機器点検チェックシート等に基づく機器の設定確認や再点検を徹底するとともに、Jアラートを運用する全ての地方公共団体を対象とした全国一斉情報伝達試験や、全てのJアラート情報受信機関を対象とした導通試験を実施している。

今後は、引き続き各種試験やJアラート関連機器

点検チェックシート等に基づく点検で支障のあった団体に対し、その都度その原因を調査し早急に改善を図るための支援体制を強化するなど、国民に対する速やかな情報伝達を図っていく。

（5）おわりに

今後も、避難実施要領のパターンの作成促進や避難施設の指定促進、国民保護共同訓練の充実強化、国民保護情報の一層確実な情報伝達等に取り組み、国民保護体制の強化に努めていく。

＊5　防災行政無線等：市町村防災行政無線（同報系）のほか、「災害情報伝達手段の整備等に関する手引き」（令和5年3月消防庁）で「主たる災害情報伝達手段」として挙げている、MCA陸上移動通信システム、市町村デジタル移動通信システム、FM放送や280MHz帯電気通信業務用ページャーを活用した同報系システム、地上デジタル放送波を活用した情報伝達手段、携帯電話網やケーブルテレビ網を活用した情報伝達システム及びIP告知システムの計9手段を活用して、屋外スピーカー又は屋内受信機等により、市町村が災害情報を放送するもの。

特集 6-2 図　弾道ミサイル発射時のＪアラートによる情報伝達

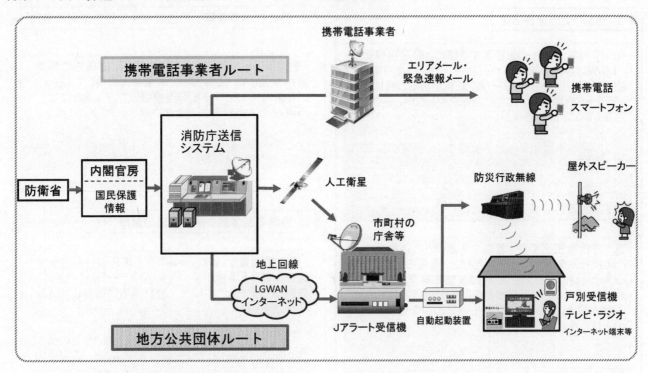

特集 6-3 図　主な支障パターンの分類及び主な支障発生箇所

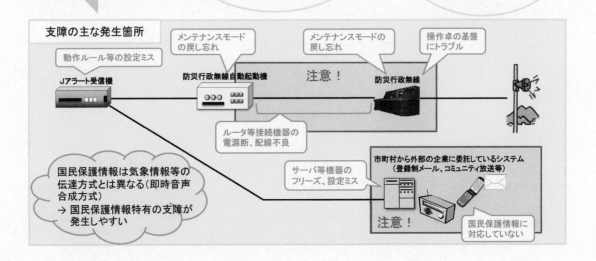

特集6-4図　最近発生している支障の背景とその対策

1 他部門との連携強化

① 庁内ネットワークを管理する部門との連携強化
　LGWAN等の回線工事や、ファイアウォール等の設定変更等、庁内ネットワークに変更がある場合には、Jアラート機器においても設定を変更しないと通信できなくなる場合がある。

→　庁内工事等が行われる場合には、事前に、庁内ネットワークを管理する部門から連絡を受け、Jアラート機器への影響があるか確認するようにするなど、庁内ネットワークを管理する部門とJアラート機器を管理する部門との連携を徹底すること。

② 各情報伝達手段を管理する部門との連携強化
　防災行政無線のデジタル化など、情報伝達手段の改修が行われた場合や、その改修工事を行っている場合には、Jアラート機器から情報伝達手段につなぐ配線の入れ替えや、Jアラート機器の設定変更が必要となる場合がある。

→　情報伝達手段の改修が行われる場合には、事前に、情報伝達手段を管理する部門から連絡を受け、Jアラート機器への影響があるか確認するようにするなど、各情報伝達手段を管理する部門とJアラート機器を管理する部門との連携を徹底すること。

2 委託先事業者等への機器点検や設定確認の要請

　登録制メールやコミュニティFMなど、委託先の事業者が管理している機器や、事業者に提供してもらっている機器にJアラート機器を接続している場合には、市町村では点検等ができない。

→　管理権限のある関係事業者に対し、定期的な機器の点検や、設定確認を要請すること。

3 機器の基本的な操作方法の習熟

　市町村職員は、Jアラートに係る業務以外も兼務で担当している場合が多いため、Jアラートのシステムへの理解が十分とはいえず、委託業者に依存している場合が多い。

→　Jアラート運用マニュアル、各自治体で設置されている自動起動装置の取扱説明書等により、各機器の基本的な操作方法の習熟を図ること。
　その上で、Jアラート機器の設定変更を行う場合には、保守業者に委託している場合でも、担当者が適切に設定変更されたことを最後に確認すること。

特集 7 　関東大震災 100 年

1　関東大震災の概要

　関東大震災は、大正 12 年（1923 年）9 月 1 日 11時 58 分に発生した、マグニチュード 7.9 と推定される大正関東地震によってもたらされた災害である。埼玉県、千葉県、東京都、神奈川県及び山梨県で震度 6 を観測したほか、北海道道南から中国・四国地方にかけての広い範囲で震度 5 から震度 1 を観測、死者・行方不明者は約 10 万 5,000 人に及び、全半潰・焼失等の被害を受けた住家は総計約 37 万棟に上った（**特集 7-1 表**）。

　発生時、食事の準備のために多くの家庭で火を使用していたことや、日本海にあった台風による強風もあり、多くの火災が発生し、人的被害の多くは火災によるものであった（火災による死者約 9 万1,000 人）。

　また、火災以外にも、強震、津波、土砂崩れ、液状化など、様々な被害が各地に及んだ。

特集 7-1 表　関東大震災による被害の状況

被害状況		
死者・行方不明者		105,385人（うち火災による死者 91,781人）
住家被害	全潰	109,713棟（うち非焼失79,733棟）
	半潰	102,773棟（うち非焼失79,272棟）
	焼失	212,353棟
	流失・埋没	1,301棟

　令和 5 年は発災から 100 年を迎える節目の年であった。消防庁では、関東大震災の経験を生かし、いつか来る災害に備えられるよう、「関東大震災から100 年。学ぼう防災。守ろう命。」をキャッチフレーズに、国民一人ひとりの防災意識の向上に加え、

地震火災対策の重要性を周知した。

日本橋（1923 年）
関東大震災写真帖（日本聯合通信社編）

2　地震への備え

　地震の揺れに対する備えとして、地震が発生したときに取るべき行動や、地方公共団体の取組について紹介する。

（1）地震発生時の適切な行動
　地震が発生したとき、あわてずに適切な行動を取るためには、日頃から地震の際の正しい心構えを身につけておくことが重要である。

　消防庁では、「消防庁防災マニュアル～震災対策啓発資料～」をホームページで周知しており（参照URL：https://www.fdma.go.jp/relocation/bousai_manual/index.html）、地震が発生したときの場面別の心構えは次のとおりである。

1.一般住宅 ・自宅での基本的事項

丈夫な机やテーブルなどの下にもぐり、机などの脚をしっかりと握りましょう。
また、頭を座布団などで保護して、揺れが収まるのを待ちましょう。

●突然大きな揺れに襲われたときは、まず
は自分の身を安全に守れるように心がけま
しょう。

●戸を開けて、出入り口の確保をしましょう。

●棚や棚に乗せてあるもの、テレビなどが落
ちてきたりするので、離れて揺れが収まるの
を待ちましょう。

●あわてて戸外に飛び出さないようにしま
しょう。

消防庁防災マニュアル〜震災対策啓発資料〜

ア　屋内にいるとき

（ア）自宅
・丈夫な机やテーブルなどの下にもぐり、机など
の脚をしっかり握る。
・頭を座布団などで保護し、揺れが収まるのを待
つ。
・戸を開けて、出入口を確保する。
・あわてて戸外に飛び出さない。

（イ）寝ているとき
・揺れで目覚めたら寝具にもぐりこむ。
・枕元に厚手の靴下やスリッパ、懐中電灯、携帯
ラジオなどを準備しておく。

（ウ）エレベーター
・全ての階のボタンを押し、最初に停止した階で
降りる。
・同様に閉じ込められている人も大勢いると予想
されるため、すぐに救助されるとは限らない。
・エレベーターに閉じ込められても、焦らず冷静
になって「非常用呼出しボタン」等で連絡を取
る努力をする。

（エ）地下街
・バッグなどで頭を保護し、揺れが収まるのを待
つ。
・停電になっても、非常照明がつくまでむやみに
動かない。
・地下街では60メートルごとに非常口が設置さ
れているため、一つの非常口に殺到せずに落ち
着いて地上に脱出する。
・脱出するときは、壁づたいに歩いて避難する。

イ　屋外にいるとき

（ア）住宅地
・路地にあるブロック塀や石塀は、強い揺れで倒
れる危険があるため、揺れを感じたら塀から離
れる。
・電柱や自動販売機も倒れてくることがあるた
め、そばから離れる。

（イ）オフィス街・繁華街
・窓ガラスや看板などが落下することがあるた
め、鞄などで頭を保護し、できるだけ建物から
離れる。

（ウ）山・丘陵地
・地盤がゆるみ崩れやすくなっている可能性があ
るため、崖や急傾斜地など危険な場所には近づ
かない。

■（2）防災拠点となる公共施設等の耐震化

地方公共団体の公共施設等は、多数の利用者が見
込まれるほか、地震災害の発生時には災害応急対策
の実施拠点や避難場所・避難所になるなど、防災拠
点として重要な役割を果たしている。阪神・淡路大
震災や東日本大震災、平成28年熊本地震において
は、地震等による公共施設等の被災により、地方公
共団体の災害応急対応に支障が生じており、防災拠
点となる公共施設等の耐震化を実施することが重要
である。

消防庁では、平成13年度に「防災拠点となる公
共施設等の耐震化推進検討委員会」を開催し、地方
公共団体が所有又は管理する公共施設等について、
耐震診断及び改修実施状況等について調査を実施
し、「防災拠点となる公共施設等の耐震化推進検討
報告書」として取りまとめた。平成17年度からは
毎年度、その進捗状況を確認するため、調査を実施
している。

ア　耐震率の推移

特集7-1図に示すとおり、調査を開始した平成14
年4月時点における耐震率（全ての防災拠点となる
公共施設等における耐震性が確保されている施設の
割合）は48.9%と半数に満たなかったが、その後
上昇を続け、平成23年3月の東日本大震災直後に
は75.7%となった。平成28年3月には耐震率が初
めて90%を超え、令和4年10月時点では96.2%と
なっている。

特集 7-1 図　防災拠点となる公共施設等の耐震率の推移

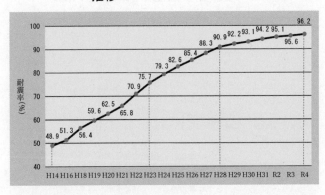

イ　施設区分別の耐震率

令和4年10月時点における耐震率を公共施設等の区分別に整理したものを**特集7-2表**に示す。

文教施設や消防本部・消防署所等の耐震率が高い一方で、県民会館・公民館等や警察本部・警察署等の耐震率は9割に届いておらず比較的低い傾向にある。

なお、災害対策基本法に基づく災害対策本部が設置される庁舎等（以下、本特集において「災害対策本部設置庁舎」という。）の耐震率については、都道府県では95.7％、市町村では89.7％であり、耐震性を有する施設を代替庁舎として指定しているものを含めると都道府県では100％、市町村では99.7％となっている。

特集 7-2 表　施設区分別の耐震率

社会福祉施設	93.2%	診療施設	95.1%
文教施設（校舎、体育館）	99.6%	警察本部・警察署等	86.8%
庁舎	92.0%	消防本部・消防署所	95.7%
県民会館・公民館等	89.1%	※　その他	91.6%
体育館	90.1%	（8区分以外の指定緊急避難場所又は指定避難所に指定している施設）	

ウ　小括

調査結果から、防災拠点となる公共施設等の耐震化は着実に進んでいる。

しかし、県民会館・公民館等をはじめ依然として耐震性が確保されていない施設もある。消防庁では、地方公共団体が実施する防災拠点となる公共施設等の耐震化にかかる費用に対しては、緊急防災・減災事業債の対象とすることにより、地方公共団体の耐震化の取組を支援している。

（3）地方公共団体における業務継続性の確保

地震等による大規模災害が発生した際、地方公共団体は、災害応急対策や災害からの復旧・復興対策の主体として重要な役割を担うことから、非常事態であっても優先すべき業務を的確に行えるよう、業務継続計画の策定等により、業務継続性を確保することが極めて重要である。

しかし、東日本大震災では、津波により庁舎や職員が被災した市町村も多く、一時的に行政機能が失われる深刻な事態に陥るなど、その業務の実施は困難を極めるものとなり、地方公共団体における業務継続計画の策定の必要性が改めて認識された。

こうしたことから、国においては平成27年5月に「市町村のための業務継続計画作成ガイド」を、平成28年2月に「大規模災害発生時における地方公共団体の業務継続の手引き」（以下、本特集において「手引き」という。）をそれぞれ策定し、より実効性の高い業務継続計画の策定を促している。

ア　業務継続計画の策定状況

消防庁では、地方公共団体における業務継続計画の策定状況について調査を実施している。**特集 7-2 図**に示すとおり、計画の策定率について、令和4年6月現在で都道府県においては全ての団体で策定が完了している。市町村においては策定率が97.9％となっており、平成28年4月から56.0ポイント上昇している。

しかし、手引きにおいて、業務継続計画の中核となり、その策定に当たって必ず定めるべき特に重要な要素として示された6要素（**特集7-3表**）の策定状況は**特集7-3図**に示すとおりである。業務継続計画を策定済みの団体のうち6要素の全てを策定済みの団体は、都道府県が91.5％、市町村が40.4％となっており、特に市町村における割合は依然として低くなっている。

特集 7-2 図　地方公共団体における業務継続計画の策定率の推移

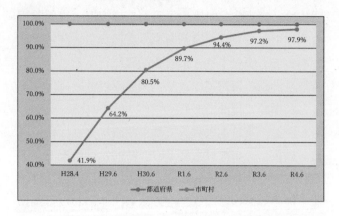

特集 7-3 表　業務継続計画の特に重要な６要素

(1) 首長不在時の明確な代行順位及び職員の参集体制	(4) 災害時にもつながりやすい多様な通信手段の確保
(2) 本庁舎が使用できなくなった場合の代替庁舎の特定	(5) 重要な行政データのバックアップ
(3) 電気、水、食料等の確保	(6) 非常時優先業務の整理

特集 7-3 図　業務継続計画策定済団体における特に重要な６要素の策定状況

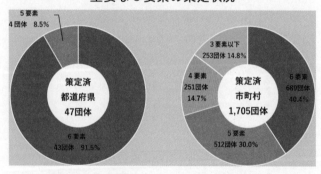

イ　災害対策本部設置庁舎の非常用電源の整備

　また、非常用電源が大規模地震発生時であっても適切に機能するよう、非常用電源が設置されている建物の耐震化又は免震化や、非常用電源及び燃料タンク等の転倒防止措置などの地震の揺れへの対策も重要である。

　非常用電源設置済団体における地震の揺れへの対策の実施状況は**特集 7-4 図**に示すとおりであり、令和４年６月時点で、都道府県においては全ての団体で対策済みである。また、市町村においては対策実施率が 89.5％となっており、平成 28 年４月から13.9 ポイント上昇している。

特集 7-4 図　災害対策本部設置庁舎における非常用電源の地震対策の実施率の推移

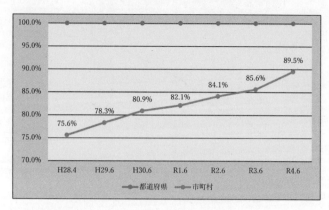

ウ　消防本部等の非常用電源の整備

　消防庁では、消防本部及び署所の庁舎が地震災害、風水害時等において災害応急対策の拠点としての機能を適切に発揮するため「消防力の整備指針」（平成 12 年消防庁告示第１号）第 23 条により、消防本部等への非常電源設備等の設置を定めている。

　令和３年 10 月１日時点で、全体の 97.5％で非常用電源が設置されており、未設置施設についても代替手段が確保されている。また、非常用電源が設置されている消防本部等のうち 91.0％で地震対策（建物耐震化、設備の転倒防止措置等）が講じられている。

エ　小括

　調査結果から、地震等による大規模災害の発生に備えた業務継続計画の策定率及び非常用電源の整備率はいずれも９割を超えている。しかし、特に重要な６要素全てを網羅した業務継続計画を策定済みの市町村の割合は 40.4％と依然低い。また、災害対策本部設置庁舎の非常用電源の市町村における地震対策実施率は９割に達していない。

　したがって、消防庁では引き続き、特に重要な６要素全てを網羅した業務継続計画の策定を支援するとともに、地方公共団体が実施する自治体庁舎等における非常用電源の整備・機能強化に係る費用に対し緊急防災・減災事業債の対象とすることにより支援している。

■（４）おわりに

　関東大震災の発生から 100 年が経過し、比較的最近でも東日本大震災や平成 28 年熊本地震、平成 30年北海道胆振東部地震など大規模地震災害が発生し

ている。

　また、首都直下地震や南海トラフ地震、日本海溝・千島海溝周辺海溝型地震など、近い将来発生が懸念されている大規模地震に対して、被害想定の実施や基本計画の策定などにより、対策が進められている。

　今回紹介した防災拠点となる公共施設等の耐震化や業務継続性の確保の取組などにより、地方公共団体の消防防災体制が一層強化され、現在対策が進められている各大規模地震の被害の軽減・最小化につながるよう取り組んでいく。

3　地震火災への備え

■（1）地震火災について

　関東大震災では、かまどや七輪等からの出火、新潟地震では、ガス・石油機器関係の出火が多く見られた。使用している機器や燃料等の生活様式と安全対策の変化により、その出火原因も変化しており、近年の大規模地震においては、電気に起因する通電火災等が多く見られるようになっている。

　通電火災とは、地震の揺れにより転倒した暖房機器等の燃焼機器が再通電後に周辺の可燃物（絨毯など）に接触すること、揺れにより損傷した電気機器・配線が再通電時にショートすること等により発生する火災のことを指す。

　なお、地震のみならず、最近の風水害においても浸水で損傷した電気機器等から同様の要因により通電火災が発生しており注意が必要である。

　ここでは、地震火災対策として消防庁が注意喚起のために作成した「地震火災を防ぐ15のポイント」「地震火災〜あなたの命を守るために出来る事〜」（参照 URL：https://www.fdma.go.jp/mission/prevention/suisin/post-2.html）などの資料を基に、地震火災の出火防止対策を中心に紹介する。

消防署からのお知らせです

地震火災を防ぐポイント
地震火災対策きちんと出来ていますか？

✓ 事前の対策

☐ 住まいの耐震性を確保しましょう　☐ 家具等の転倒防止対策（固定）を行いましょう

☐ 感震ブレーカーを設置しましょう　☐ ストーブ等の暖房機器の周辺は整理整頓し、可燃物を近くに置かないようにしましょう

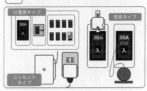 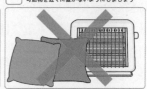

☐ 住宅用消火器等を設置し使用方法について確認しましょう　☐ 住宅用火災警報器を設置しましょう

✓ 地震直後の行動

☐ 停電中は電気器具のスイッチを切るとともに、電源プラグをコンセントから抜きましょう 避難するときはブレーカーを落としましょう　☐ 石油ストーブや石油ファンヒーターからの油漏れの有無を確認しましょう

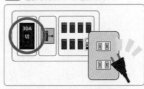 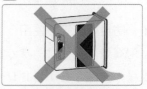

✓ 地震発生からしばらくして（電気やガスの復旧、避難からもどったら）

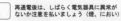

☐ ガス機器、電気機器及び石油機器の使用を再開するときは、機器に破損がないこと、近くに燃えやすいものがないことを確認しましょう　☐ 再通電後は、しばらく電気器具に異常がないか注意を払いましょう（煙、におい）

✓ 日頃からの対策

☐ 消防団や自主防災組織等へ参加しましょう　☐ 地域の防災訓練へ参加するなどし、発災時の対応要領の習熟を図りましょう

お問い合わせ先

総務省消防庁

地震火災対策をまとめたリーフレット
「地震火災を防ぐポイント」

■ （2）出火防止対策

地震火災を防ぐための主な出火防止対策について紹介する。

ア　住宅・家具の倒壊・転倒防止等

過去の震災では、住宅や家具（タンス・書棚等）の倒壊・転倒により多くの方が亡くなっており、住宅の耐震化・家具の転倒防止が重要であることは言うまでもない。

家具の転倒防止は、直接的な人的被害の軽減、避難経路の確保にも有効であるだけでなく、家具の転倒による燃焼機器・電気機器等の損傷を防ぐ効果も期待できる。

そのほか、日頃から身の回りを整理し、安全装置が付いた燃焼機器・電気機器等を使用することも有効である。このため、以下のことが重要である。

（ア）住まいの耐震性を確保する。

（イ）家具等の転倒防止対策（固定）を行う。

（ウ）日頃からストーブ等の暖房機器の周辺は整理整頓し、可燃物を近くに置かない。

（エ）安全装置の付いた燃焼機器・電気機器等を使用する。

イ　防災機器等の使用

地震発生直後は、身の安全の確保が第一であり、現場の混乱などからブレーカーを落とす、プラグをコンセントから抜く等の対策をすることが困難である場合も想定されるため、感震ブレーカーなどの防災機器の使用が有効である。

なお、感震ブレーカーが地震の揺れを検知し、直ちに通電を遮断すると、夜間の地震の場合は避難の支障になることも考えられる。分電盤タイプの感震ブレーカー等では、感震後、通電を遮断するまでの猶予時間を設定できるため、停電していない場合は宅内の照明を地震直後も使用し、一定時間ののち通電を遮断することができ、特に夜間の避難に有効である。

（ア）住宅用分電盤の機能を充実させる（漏電ブレーカー、コード短絡保護機能等）。

（イ）感震ブレーカーを設置する。

（ウ）在宅用医療機器等を設置している場合、停電に対処できるバッテリー等を備える。

（エ）夜間の避難に備え、停電時でも作動する足下灯や懐中電灯などの照明器具を用意し、寝室

からの避難路を確認しておく。

ウ　停電時・避難時の対策

地震後、停電により燃焼機器・電気機器等への電力供給が停止することがあるが、停電から復旧した際、停電前に使用していた機器等に異常が生じても気が付きにくく、損傷した機器等により火災に至る場合がある。このため、以下のことが重要である。

（ア）停電中は燃焼機器・電気機器等のスイッチを切り、電源プラグをコンセントから抜く。

（イ）停電中に自宅から離れる（避難する）際は、ブレーカーを落とす。

エ　停電からの復旧（再通電）時の対策

燃焼機器・電気機器等を使用する場合は、地震により損傷がないか確認する必要がある。

また、地震の揺れにより転倒した暖房機器等の燃焼機器の付近に可燃物があり、その後、暖房機器に再通電された際に可燃物に着火する場合があるので注意が必要である。このため、以下のことが重要である。

（ア）燃焼機器・電気機器等が破損・損傷していないか、燃えやすいものが近くにないかなどの安全を確認してから機器を使用する。

（イ）燃焼機器・電気機器等の故障等により、再通電後、しばらくたってから火災になることもあるため、再通電後は余震に注意しつつ、家の中に留まり、煙の発生や異臭などの異常を発見した際は、直ちにブレーカーを落とし、消防機関に連絡する。

■ （3）火災の早期覚知、初期消火対策

万が一、地震火災が発生してしまった場合でも、火災の延焼、大規模化を防止するために、火災の早期覚知、初期消火が重要である。火災の発生に備え、以下のような対策が有効である。

ア　住宅用火災警報器

火災の早期覚知のためには、住宅用火災警報器の設置が有効である。住宅用火災警報器とは、火災により発生する煙や熱を感知し、音や音声により警報を発して火災の発生を知らせてくれる機器で、機器本体を天井や壁に設置するだけで機能を発揮する。

なお、消防庁では、地方公共団体が実施する住宅

用火災警報器の設置に係る広報等に対し、地方交付税措置を講じている。

イ　住宅用消火器等

　火災の初期消火のためには、住宅向けの消火器等を準備しておくことが有効である。住宅で使用しやすいように開発されたものとして住宅用消火器があり、一般の消火器に比べ軽量で、消火器内部の点検が不要（使用期限があるので、約5年ごとの定期的な交換は必要。）などの特徴がある。その他、比較的初期段階の火災に有効で、消火器の補助的な役割の消火用具として、更に軽量なエアゾール式簡易消火具といったものもある。

（4）対策の効果等

　阪神・淡路大震災調査報告建築編（阪神・淡路大震災調査報告編集委員会）によると、阪神・淡路大震災における初期消火の実施率は全体の約半数、そのうち初期消火に成功したのは約4割である。初期消火の方法別に見ると、最も消火成功率の高かったのは消火器によるものであり、成功率は約5割である。このことから、初期消火の実施率が100%かつ初期消火が消火器で実施された場合、出火件数は半減し、その結果、被害を大幅に減少させることができる。

　また、今回紹介した通電火災対策等の推進により、更に被害を軽減することができる。

　内閣府の試算によると首都直下地震の焼失棟数は、電気火災対策で1/2、さらに初期消火成功率の向上により、1/20まで減少できるとされている。

　消防庁では、毎年、春と秋の全国火災予防運動等を通じ、「地震火災を防ぐ15のポイント」等を活用し周知している。今後も引き続き、地震火災を含めた火災予防に取り組み、火災被害の軽減を図っていく方針である。

4　消防庁の取組等

　災害を防ぐことはできなくても、備えることはできるため、関東大震災の経験を生かし、いつか来る災害に備えられるよう、消防庁は、国民一人ひとりの防災意識の向上に加え、地震火災対策の重要性を周知するための取組を行うこととした。「関東大震災から100年。学ぼう防災。守ろう命。」というキャッチフレーズを掲げ、広報、イベント、セミナー、訓練などの分野で、様々な取組を実施した。以下に、取組の例を紹介する。

（1）広報

ア　インターネットを活用した広報

　消防庁ホームページに関東大震災特設ページを作成し、関東大震災の概要をはじめ、地震発生時に取るべき行動についての啓発資料、地震火災対策の啓発資料、自主防災組織や消防団等の防災に関する組織に関する情報、火災旋風の実験映像等を掲載した。

　また、関東大震災100年関係のイベント等を行った際は、X（旧Twitter）での情報発信を行った。

イ　アニメとタイアップした広報

　アニメ「め組の大吾　救国のオレンジ」とタイアップし、関東大震災100年を伝えるポスターを作成した。また、「め組の大吾　救国のオレンジ」の声優3名とタイアップし、地震火災対策にも効果的な、住宅用火災警報器の推進をテーマとしたポスターを作成した。これらを全国の消防本部等に配布し、広報を実施した。

ウ　広報媒体を活用した広報

　毎月発行している広報誌「消防の動き」9月号に、関東大震災100年に関する消防庁の取組等を掲載したほか、年1回発行している消防大学校の機関誌「消防研修」において、関東大震災100年をテーマに有識者による地震対策等に関する寄稿、国や地方公共団体の取組等を掲載した。

（2）イベント

ア　こども霞が関見学デーにおける啓発

　令和5年8月2日及び3日に開催されたこども霞が関見学デーで、関東大震災100年に関する啓発資料等を展示した。こども霞が関見学デーは、各府省庁等が連携し、所管の業務説明や関連業務の展示等を行うことにより、子供たちに広く社会を知ってもらうこと、政府の施策に対する理解を深めてもらうこと、活動参加を通じて親子の触れ合いを深めてもらうことを目的としている。本イベントで、地震や地震火災への対策の解説資料及び東京消防庁が保有

する過去の地震被害の写真を展示するとともに、公益財団法人　東京防災救急協会作成の関東大震災関係の動画を放映した。

イ　ぼうさいこくたい 2023 における啓発

令和5年9月17日及び18日に開催された防災推進国民大会（ぼうさいこくたい）2023 において公益財団法人　日本消防協会が主催したシンポジウム「横浜の関東大震災体験、そして今後の災害対応」に協力団体として参加した。パネリストとして消防庁国民保護・防災部長が参加し、関東大震災の被害や復興に伴うまちづくり、地域防災力の向上などの今後の大災害への備え等について議論した。

ウ　その他のキャンペーンにおける啓発

9月の「老人の日」及び「敬老の日」の時期に合わせ、高齢者やその家族に対して火災予防を促す防火防災キャンペーンにおいて、地震火災を含む火災予防対策についてリーフレットによる普及・啓発を実施した。

また、令和5年11月9日から15日まで実施した秋季全国火災予防運動の実施通知においても、地震火災対策の推進等に係る一層の取組を促した。

（3）セミナー

ア　全国消防技術者会議の特別講演

全国の、消防に関わる技術者が消防防災の科学技術に関する調査研究、技術開発等の成果を発表するとともに、他の発表者や聴講者と討論を行う場として開催している全国消防技術者会議を令和5年度は11月16日及び17日に開催した。その中で、「関東大震災でなぜ東京は最大の被害を出したのか？－大火災の原因とその後－」と題した特別講演が名古屋大学減災連携研究センターの武村雅之特任教授によって行われた。

また、このほかにも、消防庁職員が講師を務める各種研修の機会をとらえて、関東大震災 100 年に関する啓発を実施した。

（4）関東大震災 100 年を踏まえた訓練

ア　緊急消防援助隊地域ブロック合同訓練（大規模地震を想定した訓練）

令和5年度には緊急消防援助隊地域ブロック合同訓練（受援応援訓練）を全国6か所で実施している

が、当該訓練は、大規模な地震等により、建物倒壊、土砂災害、火災、交通事故等が多発的に発生したことを想定して行った。

また、9月1日に実施された「防災の日」総合防災訓練、同日の相模原市における九都県市合同防災訓練（九都県市主催）と連携して実施した被災地への現地調査訓練、12 月5日に実施された緊急災害現地対策本部運営訓練、12 月 15 日に実施された首都直下地震対処訓練等、内閣府防災等が主催する各種訓練に参加した。

トピックス

Topics 1　消防職員の定年引上げ

■定年引上げの概要

令和5年4月1日から、消防職員を含む地方公務員の定年が60歳から65歳まで2年に1歳ずつ段階的に引き上げられることとなった。

また、管理監督職の職員が60歳となった場合、その翌日から最初の4月1日までの期間に管理監督職以外の職に異動させる役職定年制等が導入された。

トピックス1-1図　定年の段階的引上げ（イメージ）

定年(年度)／生年	60歳	61歳		62歳		63歳		64歳		65歳	
	R4	R5	R6	R7	R8	R9	R10	R11	R12	R13	R14
S37.4.2〜38.4.1生	60歳										
S38.4.2〜39.4.1生	59歳	60歳	61歳								
S39.4.2〜40.4.1生	58歳	59歳	60歳	61歳	62歳						
S40.4.2〜41.4.1生	57歳	58歳	59歳	60歳	61歳	62歳	63歳				
S41.4.2〜42.4.1生	56歳	57歳	58歳	59歳	60歳	61歳	62歳	63歳	64歳		
S42.4.2〜43.4.1生	55歳	56歳	57歳	58歳	59歳	60歳	61歳	62歳	63歳	64歳	65歳

※黄色着色部は、定年退職年度を示す。

■研究会の開催

消防は、加齢に伴う身体機能の低下や健康状態への不安が職務遂行に支障を来すおそれのある職種であり、高齢期職員が活躍し続けていくとともに組織全体の活力を維持・確保していくためには、定年引上げに伴う課題に対応していく必要がある。

そこで、消防庁では「定年引上げに伴う消防本部の課題に関する研究会」（座長　原田　久　立教大学教授。以下、本トピックスにおいて「研究会」という。）を開催した。研究会では、定年引上げに伴う消防本部の課題として、特に影響が懸念される、高齢期職員の活躍及び定員管理に関する基本的な考え方や各消防本部における対応時のポイントについて検討され、令和4年11月25日に研究会報告書がとりまとめられた。

■研究会報告書の概要
【高齢期職員の活躍】
＜基本的考え方＞

消防力の維持・確保を図っていくためには、高齢期職員の職場での活躍を促し、ひいては、組織全体を活性化させていくことが必要である。

＜対応及び留意点＞
①現場業務での高齢期職員の活躍維持に向けた取組

高齢期職員が現場業務で活躍し続けられる体制を確保するため、消防職員の体力維持プログラムを策定し実施すること等を検討することが必要である。

②高齢期職員の適材適所の配置

高齢期職員の配置に当たっては、配置類型の特性や各職員の特性や意向等を踏まえた配置をする必要がある。なお、その際は、高齢期になって初めて未経験業務に携わることがないように、若手・中堅の時期から中長期的なキャリアパスの形成を進めること等に留意することが必要である。

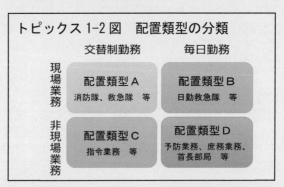

トピックス1-2図　配置類型の分類

	交替制勤務	毎日勤務
現場業務	配置類型A　消防隊、救急隊　等	配置類型B　日勤救急隊　等
非現場業務	配置類型C　指令業務　等	配置類型D　予防業務、庶務業務、首長部局　等

③高齢期職員をはじめとする職員が働きやすい職場環境づくり

高齢期職員に期待される役割を本人が理解し、モチベーションを持続できるようにするとともに、組織全体として共通認識を持って職場環境の整備に取り組めるよう、職場内研修等を通じて、定年引上げの趣旨等を全職員が理解するように努めること等が考えられる。

【定年引上げを踏まえた適正な定員管理】
＜基本的考え方＞

定年引上げ期間後も含めて十分な消防力の維持・確保を図っていくためには、適切な定員管理を行うことが必要である。

＜対応及び留意点＞
①定年引上げ期間中における新規採用者数の平準化

専門的な知見の世代間継承等が困難になることを防ぎ、また、適切な人材を安定的に確保するため、定年退職が発生しない年度も含め、定年引上げ期間中の各年度で新規採用者数を平準化した採用計画を作成することが望ましい。

②消防力を維持するために必要な定員の見直し

人事配置上の工夫や高齢期職員の活躍促進等の取り得る方策を講じた上でもなお、災害活動に対応できる体制が確保できない場合、必要最小限の定員の見直しや消防力の向上に資する配置の新設を検討することも考えられる。

■研究会報告書を踏まえた対応

消防庁から、各消防本部において、研究会報告書に留意の上、必要な検討に取り組んでいただくよう依頼した。

消防庁においては、各消防本部が取り組んだ内容を積極的に情報収集するとともに、これらの取組の横展開を図る等、各消防本部において定年引上げに伴う検討・取組が円滑に進むように、引き続き必要な支援を行っていく。

Topics 2　消防における女性の活躍推進に向けた取組

消防庁では、消防分野において活躍する女性を知ってもらい、消防を目指す女性を増やすため、消防庁ホームページ内に「女性消防吏員の活躍推進のためのポータルサイト」を開設しており、女性消防吏員の活躍に関する様々なPR動画等の広報制作物を公開しているほか、男性育休の取得促進や、消防団入団促進広報等に取り組んでいる。

■女性消防吏員の活躍推進

全国の消防吏員に占める女性の割合は、3.5%（令和５年４月１日現在）であり、全国で活躍する女性の消防吏員は年々増加している。消防庁では、「消防本部における女性消防吏員の更なる活躍に向けた取組の推進について」（平成27年７月29日付け通知）で示した、令和８年度当初までに女性の割合を５％に引き上げるという目標を達成するため、消防を自らの職業として選択する女性の増加に向け、以下のような取組を行っている。

≪女性消防吏員の活躍に関する動画の制作≫

消防は男性だけではなく、女性も活躍できる仕事であることをPRするため、実際に職務に当たっている女性消防吏員に着目した動画やインタビュー動画を公開しているほか、消防学校での生活や消防の様々な業務等について紹介している。

【令和４年度制作動画】女性消防士活躍ムービー

～ON／OFF 変身編～

～消防業務紹介編～

動画アーカイブはこちらから

＜女性消防吏員の活躍推進のためのポータルサイト＞
https://www.fdma.go.jp/relocation/josei_shokuin/

≪PRポスター、パンフレットの作成≫

女性消防吏員をより身近に感じてもらうため、様々な業務で活躍する現役の女性消防吏員をモデルとして起用したポスター及びパンフレットを作成し、これまで消防が将来の職業の選択肢になかった女性をターゲットとした広報に取り組んでいる。

ＰＲポスター　　　　　パンフレット

■男性消防職員の育児休業の取得促進

女性活躍推進のためには、男性も含めて仕事と家庭の両立支援に取り組むことが重要である。働きやすい職場環境づくりや将来の消防職員の確保に資することから、消防庁では、育児休業取得率に関する政府目標である令和７年までに50%、令和12年までに85%（こども未来戦略方針（令和５年６月13日閣議決定））を達成するため、男性の育休取得率が高い消防本部が実施している以下のような取得促進策の横展開等に取り組んでいる。

≪男性育休の取得促進に向けた取組の例≫

・育休取得予定職員を把握し、定例会議等において、幹部間で情報共有する。
・配偶者の妊娠報告を受けた際、面談を実施し、育休に関する制度等を説明するとともに、取得の意向を確認する。

≪育児休業の取得に伴う部隊運用上の工夫の例≫

・短期間の育休取得の場合、研修や年次休暇取得と同様、補充要員を充てることで対応する。
・長期間の育休取得の場合、当該職員を毎日勤務に配置替えし、必要に応じ補充要員を充当する。

■女性消防団員の活躍推進

女性消防団員がいる消防団の割合は78.3%（令和５年４月１日現在）であり、全国で活躍する女性の消防団員は年々増加している。

消防庁では、消防団員に占める女性の割合（3.7%（令和５年４月１日現在））について、10%を目標としつつ、当面、令和８年度までに5%（第５次男女共同参画基本計画（令和２年12月25日閣議決定））とする目標を掲げており、女性消防団員の入団促進に向けて、以下のような取組を行っている。

≪消防団入団促進広報≫

　令和5年度も引き続き、女性、若者からの知名度が高い著名人を起用したポスター・PR動画を作成したほか、夏休みなどの長期休暇期間に、全国のショッピングモールにおいて、入団促進イベントを実施するなど、様々な取組を行っている。

消防団員募集ポスター

入団促進イベント

≪消防団の力向上モデル事業≫

　女性や若者をはじめとする幅広い住民の入団促進のため、社会環境の変化に対応した消防団運営の促進に向け、地方公共団体の先進的な取組を支援している。

　令和4年度は、徳島市において女性・学生を中心とする機能別消防団員が主体となり「大学等と連携した消防防災イベント」を開催したほか、鹿児島市では女性消防団員の活動内容の充実を図るため、新たに避難所研修を実施するなど、多くの地方公共団体で女性団員の確保や活動活性化の取組が行われている。

消防防災イベント
（徳島市提供）

避難所研修
（鹿児島市提供）

Topics 3　救急安心センター事業（＃7119）の推進

■救急安心センター事業（＃7119）の概要

　救急安心センター事業（＃7119）（以下、本トピックスにおいて「＃7119」という。）は、地域の限られた救急車を有効に活用し、緊急性の高い症状の傷病者にできるだけ早く救急車が到着できるようにすることに加え、住民が適時・適切なタイミングで医療機関を受診できるよう支援するため、消防と医療が連携し、救急医療相談と医療機関案内を短縮ダイヤル（＃7119）で行う電話相談事業である。

　＃7119に寄せられた相談は、医師・看護師・相談員が対応し、病気やけがの症状を把握して、傷病者の緊急性や救急車要請の要否の助言、応急手当の方法、適切な診療科目及び医療機関案内等を行っている。

　令和5年11月現在、全国24地域（北海道札幌市周辺、宮城県、福島県、茨城県、埼玉県、千葉県、東京都、神奈川県横浜市、新潟県、山梨県、長野県、岐阜県、京都府、大阪府、兵庫県神戸市周辺、奈良県、和歌山県田辺市周辺、鳥取県、広島県広島市周辺、山口県、徳島県、愛媛県、高知県、福岡県）で事業が実施（人口カバー率58.4％）されている（トピックス3-1図）。

■導入促進及び全国展開に向けた取組

　消防庁では、都道府県が、管内消防本部の意向を踏まえつつ、衛生主管部局、医療関係者等との合意形成を図るなど、＃7119の導入に向け積極的に取り組むことを促している。

　＃7119導入のノウハウなどの幅広いアドバイスや事業実施に向けた課題解決への助言を行うアドバイザーを、令和5年12月末までに、延べ25地域、48人派遣した。

　また、有識者による検討部会において、事業導入に当たっての課題や解決方策等について議論を行い、＃7119に関する「事業導入・運営の手引き／マニュアル」及び「事業を外部委託する際に活用可能な標準的な仕様書（例）」を策定した。

■財政措置の在り方

　令和2年度までは、市町村に対する普通交付税措置が講じられてきたが、令和3年度からは、特別交付税措置に変更した上で、＃7119に係る都道府県の役割の重要性に鑑み、都道府県を対象に追加して、市町村とともに財政措置を講じている。

トピックス3-1図　救急安心センター事業（＃7119）の普及状況

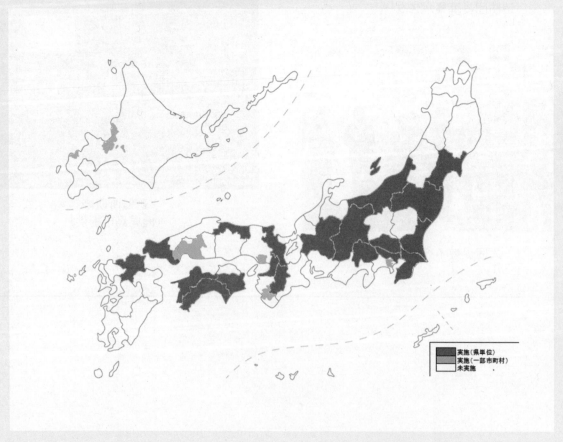

■事業の効果

　♯7119 は、住民が、急な病気やけがをしたときに専門家が緊急性の有無などをアドバイスすることで、救急車の適時・適切な利用に寄与するものであり、救急医療機関の受診の適正化に繋がるものである。

　また、休日深夜などの医療機関休診時に電話相談を行うことにより住民への安心・安全を提供できる。

　高齢化に伴う救急医療ニーズ増加への対応、新型コロナウイルス感染症の感染拡大等による医療ひっ迫回避といった観点からも本事業の重要性は高まっている。

■令和5年度の取組

　新型コロナウイルス感染症が感染拡大した場合や熱中症患者が多数発生した場合、医療提供体制のひっ迫を招くおそれがあることを踏まえ、「今夏の新型コロナウイルス感染症等の感染拡大に備えた消防機関の救急に係る対応の準備について（依頼）」（令和5年7月26日付け事務連絡）を各都道府県へ発出した。本事務連絡では、救急医療のひっ迫を回避する観点から、♯7119 などの受診相談体制の活用を図ることが有効であることを周知している。

　近年、導入地域において♯7119 への入電件数が増加していることは、地域住民のニーズの現れであり、本事業の重要性を示唆するものと考えられることから、消防庁では早期の全国展開の推進を目指し、引き続き未導入団体への働き掛けを行うとともに、積極的にアドバイザー制度の活用を促すなど導入に係る支援を行っている。くわえて、♯7119 に対する住民の更なる認知・理解を図り、利用を促進するため、消防庁ホームページ内に住民に向けた♯7119 紹介ページを掲載し、積極的な広報を行うことで幅広い層への認知を図っていく。

Topics 4 　消防防災行政の広報について

令和5年度は、7月からドラマ「ハヤブサ消防団」（テレビ朝日系列、原作：池井戸潤氏）、9月からアニメ「め組の大吾　救国のオレンジ」（読売テレビ・日本テレビ系列、原作：曽田正人氏、冨山玖呂氏）といった、消防をテーマにしたドラマ・アニメ番組が放映された。

消防庁では、これらを消防に対する国民の理解、認知度を向上させる絶好の機会と捉え、番組と連携し、様々な広報事業を行った。

■ハヤブサ消防団

東京での暮らしに見切りをつけ、亡き父の故郷であるハヤブサ地区に移り住んだミステリ作家の三馬太郎。地元の人の誘いで居酒屋を訪れた太郎は、消防団に勧誘される。

迷った末に入団を決意した太郎だったが、やがてのどかな集落でひそかに進行していた事件の存在を知る―。連続放火事件に隠された真実とは？（ドラマ原作小説特設ホームページから引用）

≪タイアップポスターの配布≫

ドラマとタイアップした2種の消防団員募集ポスターを作成し、全国の都道府県、市町村、消防本部等にそれぞれ4万枚を配布した。

≪消防庁長官コメント≫

タイアップポスターに関するテレビ朝日の取材を受け、タイアップポスターを作成・配布した狙い等について消防庁長官がコメントを寄せ、SNS上で多くの注目を集めた。

≪ドラマ出演者への消防操法の指導≫

ドラマ中に消防操法大会のシーンがあることから、消防団活動のPRの一環として、東京消防庁の多大な協力を得て、ドラマ出演者に対し、消防操法の指導を行った。

≪番組エンドロールへの掲載≫

これらの協力を踏まえ、番組のエンドロールに、「特別協力　総務省消防庁」と掲載された。

■め組の大吾　救国のオレンジ

―いつか"日本"を救う運命の三人　その魂の成長物語―若き消防官のアツい魂の成長物語、始動！
卓越した才能と唯ならぬ覚悟を燃やす十朱大吾。
自身の壁にぶつかり奮闘する斧田駿。数少ない女性の特別救助隊員を目指す中村雪。
特別救助隊（通称：オレンジ）を目指す三人の消防官が出会う時、救国の物語が動き出す。
彼らが立ち向かう相手は、"国難"―日本の危機！！
（番組公式ホームページから引用）

≪タイアップポスター等の配布≫

「関東大震災から100年。学ぼう防災。守ろう命。」をテーマとしたタイアップポスターを作成し、全国の都道府県、市町村、消防本部等に3万4千枚を配布した。

また、声優3名（榎木淳弥氏、八代拓氏、佐倉綾音氏）を起用し、住宅用火災警報器の推進をテーマとしたポスターを5万枚作成・配布した。

≪アニメ声優等の「消防応援大使」への任命≫

消防庁施策の情報発信への協力を目的として、榎木淳弥氏、八代拓氏、佐倉綾音氏及び原作者の曽田正人氏を、総務大臣が「消防応援大使」に任命した。

≪こども霞が関見学デーでのグッズ配布≫

8月上旬の「令和5年度こども霞が関見学デー」で、タイアップポスターをデザインしたカードをイベントに参加した子どもたちに配布した。

「ハヤブサ消防団」タイアップポスター

「め組の大吾　救国のオレンジ」
タイアップポスター

Topics 5　トルコ共和国地震災害における国際消防救助隊の派遣

　令和5年2月6日10時17分頃（現地時間4時17分頃）、トルコ共和国ガジアンテップ県ヌルダウを震源地とするマグニチュード7.8の大規模な地震が発生し、5万人以上の方が亡くなるなどの甚大な被害をもたらした。

　地震発生当日、トルコ政府が我が国政府に対して捜索救助チームの派遣を要請したことを受けて、国際緊急援助隊（以下、本トピックスにおいて「JDR」という。）を所管する外務大臣から消防庁長官へ消防の救助隊員の派遣について協議があった。

　消防庁長官は、直ちに、事前に定めた出動計画上、当該日の第一派遣順位であった7消防本部の市長等に派遣要請し、全ての市長等から要請に応じる旨の回答を得たことをもって、国際消防救助隊（以下、本トピックスにおいて「IRT」という。）の派遣を決定した。これにより、消防庁1人と7消防本部16人のIRT隊員が、JDR・救助チームの一員としてトルコへ派遣されることとなった。

国際緊急援助隊・救助チーム結団式（先遣隊）
（JICA 提供）

トピックス 5-1 表　国際消防救助隊派遣メンバー
（17人）

消防庁	1人
東京消防庁	6人
福岡市消防局	3人
広島市消防局	3人
茨城西南広域消防本部	1人
上越地域消防事務組合	1人
徳島市消防局	1人
宮崎市消防局	1人

　地震発生から約40時間後には被災地で活動を開始したJDR・救助チームは、震源地に近い都市であるカフラマンマラシュにおいて、電磁波を用いた人命探査装置等の資機材や救助犬を用いて、倒壊建物での捜索を行った後、建物内部に取り残されている方を救助する活動を、2月13日まで継続的に行い、6人の方を救出した後、2月15日に帰国した。

カフラマンマラシュでの捜索救助活動
（JICA 提供）

　今次の災害に派遣されたIRT隊員に対し、総務大臣から感謝状が贈呈された。また、消防庁長官から章記及び国際協力功労章が授与され、その後、派遣隊員からの活動報告があった。

総務大臣による感謝状贈呈式後の集合写真

派遣隊員による活動報告

Topics 6　国際協力・国際交流

■国際消防防災フォーラムの開催

近年アジア諸国では、経済発展・都市化が進む中、これまで以上に高度な消防防災体制の構築が必要とされている。このため、人命救助、消火及び火災予防の技術や制度に関しても、これらの国々からの我が国の国際協力への期待は大きい。

このことを踏まえ、消防庁では主にアジア圏内の国において、「国際消防防災フォーラム」（以下、本トピックスにおいて「フォーラム」という。）を開催している。

令和4年度は、我が国の消防防災制度や製品をより幅広く周知すべく、令和5年3月に、シンガポールで、初めて複数のASEAN諸国の消防防災関係者の参加を得て、「マルチ形式」で開催した。

消防庁によるプレゼンテーション

初の試みであった「マルチ形式」でのフォーラムには、ASEAN諸国から7か国（カンボジア、シンガポール、タイ、フィリピン、ベトナム、マレーシア、ラオス）、約90人の消防防災関係者が、日本から、消防庁以外に、在シンガポール日本国大使館、自治体国際化協会（CLAIR）シンガポール事務所、JICA、そして、消防防災関連企業が参加し、全体で約130人の出席を得て開催された。1日半にわたる開催期間中、我が国の火災予防制度や消防団制度の説明、日系企業10社による製品紹介のほか、ASEAN参加国の消防防災に関する施策や我が国で実施された救助研修の活用事例、さらには、JICAの国際協力案件形成スキームといった様々なプレゼンテーションが行われた。

展示ブースにおける日系企業の自社製品PR

本フォーラムへの参加企業はフォーラムで築いたネットワークを商談実施等につなげており、海外展開に資するものとなっている。

■開発途上国からの研修員受入れ

消防庁では、JICAと連携し、開発途上国の消防防災機関職員を対象に「救急救助技術」研修及び「消防・防災」研修（平成25年度までは「消火技術」研修として実施）の2コースの課題別研修を、消防本部の協力の下で実施している。

現在、「救急救助技術」研修は大阪市消防局、「消防・防災」研修は北九州市消防局において技術指導を実施している。

救急救助研修（令和4年度　大阪）

■中古消防車両等の海外寄贈

消防本部や消防団の中には、開発途上国からの要請に応じて、不用となった消防車両等の一部を無償で寄贈しているところもあり、令和4年度は22の国へ116台が寄贈されている。このような寄贈は、開発途上国の災害対応能力向上に寄与するだけでなく、我が国の「顔の見える国際協力」として効果が大きく、消防庁では関係省庁等とも連携しながら、これを推進している。

寄贈された我が国の消防自動車
（アルゼンチン）

■その他の国際交流

消防庁では、平成14年の日韓共同開催によるサッカーワールドカップ大会、「日韓国民交流年」を契機として、「日韓消防行政セミナー」を開催し、両国の消防防災の課題等について情報共有、意見交換等を行っている。

令和5年度は、我が国において11月に開催し、「消防行政におけるDX活用」、「広域消防応援」をテーマに、積極的な意見交換等を行った。

Topics 7　特殊な火災への対応

■林野火災

　令和5年8月、米国ハワイ州マウイ郡において強風の影響で林野火災がラハイナの市街地などに拡大し、マウイ郡ホームページによると、死者97人（令和5年9月27日時点）などの大きな被害が発生した。

　我が国においても、令和5年11月の愛媛県大洲市における林野火災をはじめ、例年千件を超える林野火災が発生しており、林野火災対策を徹底することは重要である。消防庁では、林野火災の件数が増加する春先などにおいて、入山者等に対する火災予防の広報や火気の適切な取扱いなどの林野火災予防の徹底に加え、火災発生時における空中消火の積極的な活用など、林野火災に対する警戒・早期の消火を推進している。

　また、我が国で近年発生した大規模な林野火災である令和3年2月の栃木県足利市における火災を踏まえ、林野火災対策の基本的な在り方を示した「林野火災の予防及び消火活動について」（平成15年10月29日付け通知）を令和4年7月に改正し、早期の指揮体制の確立、陸上部隊や航空部隊の早期の応援要請などの消防活動の在り方について、徹底を図っている。

■トンネル火災

　令和5年9月の山陽自動車道尼子山トンネルにおける車両火災では、負傷者8人が発生するとともに、車両23台が焼損し、鎮火まで約40時間を要した。

　一般的に閉鎖空間であるトンネルにおける火災は、濃煙・熱気により消防活動の困難性が高いものとなっている。今回の事故においては、これらに加え、多重衝突事故による救助活動などにより一層困難性が高いものとなったが、事故車両からの救助、消火活動により、人命の確保がなされた。

　消防庁としては、これを踏まえ、トンネル火災対策の再確認、消防機関と道路管理者の合同訓練の実施等について、各種会議の場などを通じ全国の消防本部に周知している。

トピックス7-1図　我が国における林野火災の月別出火件数（令和4年）

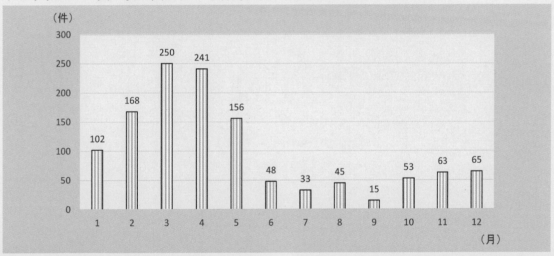

1	102	
2	168	
3	250	
4	241	
5	156	
6	48	
7	33	
8	45	
9	15	
10	53	
11	63	
12	65	

尼子山トンネルにおける火災の様子
（赤穂市消防本部提供）

尼子山トンネルにおける焼損車両の様子
（赤穂市消防本部提供）

火災予防　～出火件数・火災による死者数～

○　この10年間の出火件数と火災による死者数は、おおむね減少傾向。

○　令和4年中の出火件数は3万6,314件（前年比1,092件増加）であり、10年前の82.2%。

○　火災による死者数は1,452人（前年比35人増加）であり、10年前の84.4%。

【出火件数及び火災による死者数の推移】

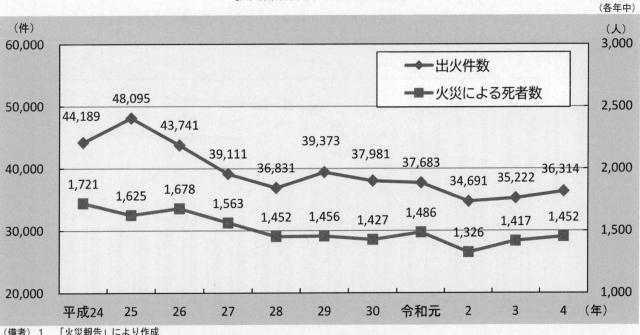

（各年中）

（備考）　1　「火災報告」により作成
　　　　　2　「出火件数」については左軸を、「火災による死者数」については右軸を参照

火災予防　～主な出火原因別の出火件数～

○　令和4年中の主な出火原因別の出火件数をみると、たばこが3,209件と最も多く、次いでたき火、こんろとなっている。

【主な出火原因別の出火件数】

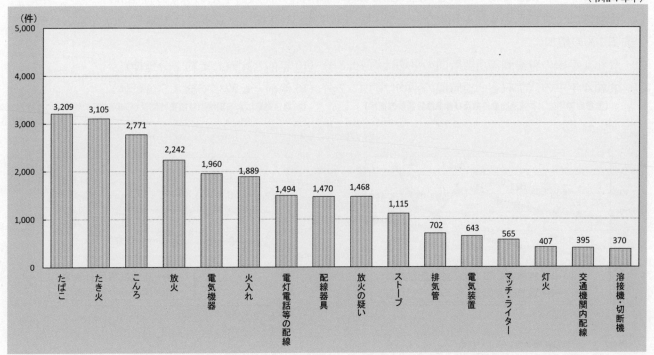

（令和4年中）

（備考）「火災報告」により作成

火災予防　～住宅火災件数・死者数、住宅用火災警報器設置状況～

○　火災による死者の多くが住宅火災により発生。

○　令和4年中の住宅火災件数は1万783件（前年比540件増加）、死者数は972人（前年比6人増加）。

○　住宅用火災警報器の設置率は年々上昇しており、令和5年6月1日時点で全国の設置率は84.3%、条例適合率は67.2%となっている。

【住宅火災件数（放火を除く）・死者数（放火自殺者等を除く）、住宅用火災警報器設置状況の推移】

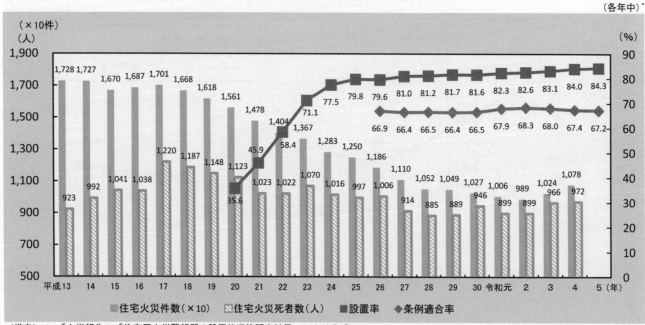

（備考）　1　「火災報告」、「住宅用火災警報器の設置状況等調査結果」により作成
　　2　「設置率」とは、市町村の火災予防条例で設置が義務付けられている住宅の部分のうち、一か所以上設置されている世帯（自動火災報知設備の設置により住宅用火災警報器の設置が免除されている世帯を含む。）の全世帯に占める割合である。
　　3　「条例適合率」とは、市町村の火災予防条例で設置が義務付けられている住宅の部分全てに設置されている世帯（自動火災報知設備の設置により住宅用火災警報器の設置が免除されている世帯を含む。）の全世帯に占める割合である。
　　4　令和5年の住宅火災件数及び住宅火災死者数は、未確定。

救急体制　～救急業務の実施状況～

○　令和4年中の救急自動車による救急出動件数は、約723万件（前年比約104万件増加）。

○　救急隊は、令和5年4月1日現在、5,359隊（前年比31隊増加）設置されており、10年前と比較して約7.1%の増加。

○　令和4年中の現場到着所要時間の平均は約10.3分（10年前と比較して約2分延伸）。

○　令和4年中の病院収容所要時間の平均は約47.2分（10年前と比較して約8.5分延伸）。

【救急自動車による救急出動件数及び救急隊設置数の推移】　　　　【救急自動車による現場到着所要時間及び病院収容所要時間の推移】

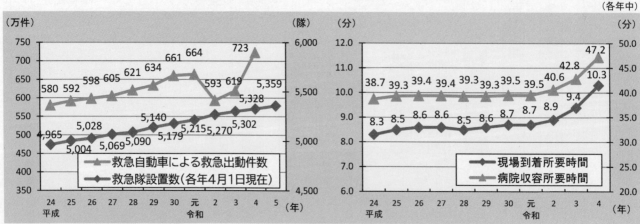

（備考）　1　「救急年報報告」により作成
　　2　左のグラフは、「救急自動車による救急出動件数」については左軸を、「救急隊設置数（各年4月1日現在）」については右軸を参照
　　3　右のグラフは、「現場到着所要時間」については左軸を、「病院収容所要時間」については右軸を参照

救助体制　～事故種別救助活動件数～

○　令和４年中の救助活動件数は６万8,123件（前年比4,925件増加）。

○　うち、建物等による事故は３万4,264件（前年比3,643件増加）、全体の50.3%で、交通事故は１万2,318件（前年比56件減少）、全体の18.1%となっており、この２つが大きな割合を占めている。

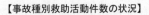

【事故種別救助活動件数の状況】

（令和４年中）

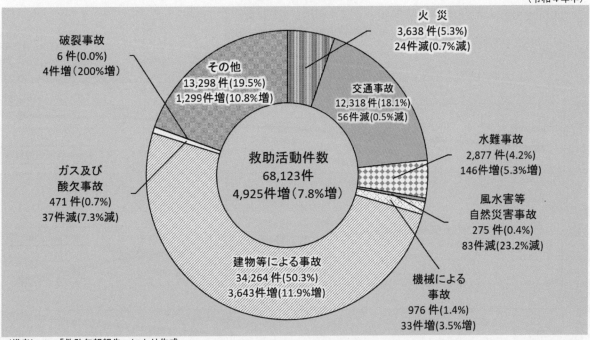

（備考）　1　「救助年報報告」により作成
　　　　　2　割合の算出に当たっては、端数処理（四捨五入）のため、合計が100%にならない場合がある。

救助体制　～事故種別救助人員～

○　令和４年中の救助人員数は６万2,679人（前年比2,818人増加）。

○　うち、建物等による事故は２万8,988人（前年比2,045人増加）、全体の46.2%で、交通事故は１万5,200人（前年比131人減少）、全体の24.3%となっており、この２つが大きな割合を占めている。

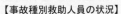

【事故種別救助人員の状況】

（令和４年中）

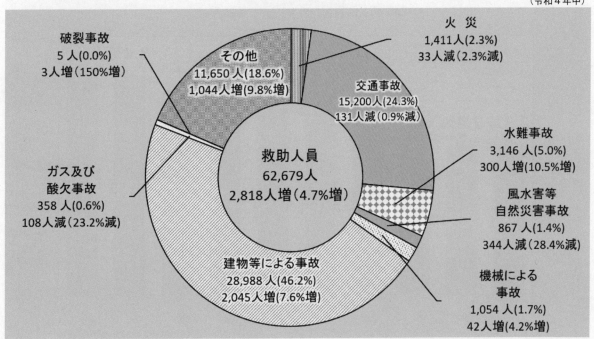

（備考）　1　「救助年報報告」により作成
　　　　　2　割合の算出に当たっては、端数処理（四捨五入）のため、合計が100%にならない場合がある。

消防体制　〜消防組織〜

○　消防本部（令和5年4月1日現在）

・722消防本部、1,714消防署を設置。消防職員数は16万7,861人（前年比351人増加）。

○　消防団（令和5年4月1日現在）

・消防団数は2,177、消防団員数は76万2,670人（前年比2万908人減少）。

・消防団は市町村の非常備の消防機関。全ての市町村に設置。

【消防職員数、消防団員数の推移】

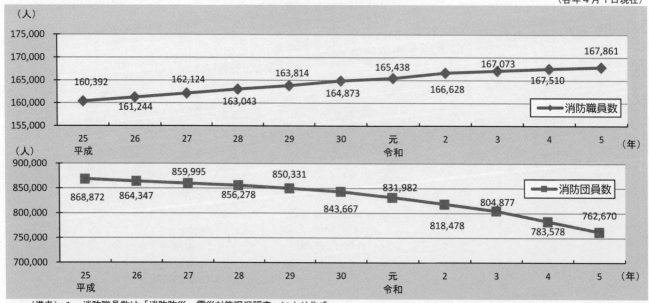

（備考）　1　消防職員数は「消防防災・震災対策現況調査」により作成
　　　　　2　消防団員数は「消防防災・震災対策現況調査」及び「消防団の組織概要等に関する調査」により作成

消防体制　〜女性消防吏員数・割合の推移〜

○　令和5年4月1日現在、女性消防吏員数は5,829人（前年比244人増加）。

○　全消防吏員に占める女性消防吏員の割合は3.5%であり、近年増加傾向。

【女性消防吏員数・割合の推移】

（各年4月1日現在）

（備考）「消防防災・震災対策現況調査」により作成

図表索引

令和5年版消防白書

令和6年2月20日発行　定価は表紙に表示してあります。

編　集　総　務　省　消　防　庁
　　　〒　100-8927
　　　東京都千代田区霞が関 2-1-2
　　　電　話（03）5253-5111

発　行　第　一　企　画　株　式　会　社
　　　〒　380-0803
　　　長野県長野市三輪一丁目 16-17
　　　電　話（026）256-6360

落丁、乱丁はおとりかえします。

ISBN 978-4-902676-39-6